AF546430

Die Grüne Tara
Weibliche Weisheit

Die Grüne Tara
Weibliche Weisheit

Grundlagen des buddhistischen Tantra

Lama Thubten Yeshe

Herausgegeben und
aus dem Englischen übersetzt
von Sylvia Wetzel

Diamant Verlag München

Bibliografische Information der Deutschen Bibliothek

Die Deutsche Bibliothek verzeichnet diese Publikation in der Deutschen Nationalbibliografie; detaillierte bibliografische Daten sind im Internet über **http://dnb.ddb.de** abrufbar.

ISBN 978-3-9805798-2-7

5. Auflage 2018

Titelfoto: Syamatara, Tibet 13. Jh., Fotograf: Peter Schälchi.
Aus der Sammlung Berti Aschmann, mit freundlicher Genehmigung des Museum Rietberg, Zürich.
Foto auf der Rückseite: Ricardo de Aratanha.

Übersetzung aus dem Englischen: Sylvia Wetzel
Lektorat: Barbara Lang

Satz: Grafik, Design, Illustration
Darja Süßbier & Urte von Bremen, Berlin
Druck, Buchbindung: Fa. Steinmeier, Deiningen

Inhalt

Einführung der Herausgeberin 9

Zur Übersetzung 18

TEIL EINS: DIE PRAXIS DER GRÜNEN TARA

1 Der tantrische Weg 23

Tantra, Freude und Bewußtheit – Tara, Symbol und Wirklichkeit – Einweihung – Meditation und Stille

2 Hinführung zur Praxis 28

Zur Sadhana – Der Stufenweg – Zuflucht – Das offene Herz von Bodhicitta – Zahlen und Zeit – Güte und Selbstsucht – Bei sich bleiben – Selbstsucht im großen Stil – Leerheit und Selbstbilder – Relative und absolute Wirklichkeit Übung: Meditation über Leerheit – Übung: Alle Dinge sind im Grunde rein

3 Die Übung 47

Zu Tara werden – Weibliche Energie – Frauen und Männer – Klare Erscheinung und göttlicher Stolz – Fragen: Gut und Böse, Visualisierung – Wir sind Tara – Atemübung – Mantra und Licht – Den Alltag verwandeln – Trägheit – Freude – Leerheit und relative Welt – Absolute Schönheit – Mantra-Rezitation – Die Flamme im Herzen

4 Klausur und Feuer-Puja 63

Vertrauen auf die eigene Kraft – Rückzug und Schweigen – Klausur – Feuer-Puja

TEIL ZWEI: DAS GRUNDGEFÜHL TANTRISCHER VISUALISIERUNG

1 Einführung 73
Innen und Außen – Freude und Entsagung – Minderwertigkeitsgefühle und Buddha-Eigenschaften – Wer ist Tara? – Frauen und Männer – Körper und Geist

2 Tara hat viele Gesichter 82
Weisheit und Integration – Der eigene Weg – Wünsche – Tara und Maria – Der grüne Lichtkörper – Einschlafen und Aufwachen – Waschen und Essen – Mantras – Die tägliche Übung

3 Freude und Nicht-Zweiheit 90
Zuschreibungen und Nicht-Zweiheit – Hippies – Emotionen und reine Energie – Nicht-Zweiheit und Glückseligkeit – Relative und absolute Ebene – Den Alltag verwandeln

4 Die Übung 97
Zuflucht – Bodhicitta: Verantwortung übernehmen – Bodhicitta schafft Raum – Die 21 Taras – Leerheit – Wer bin ich? – Bloße Benennungen – Gewahrsein befreit – Das angeborene Ich – Ferien vom Ich: Die Shunyata-Pause

5 Tara-Meditationen 108
Klare Erscheinung und göttlicher Stolz – Mantra und Mondscheibe – Der grüne Lichtkörper – Konzentration auf den Lichtkörper – Trägheit und Ablenkung – Die Mondscheibe – Die Keimsilbe TAM – Atemtechniken – Die Flamme und Tara im Herzen

TEIL DREI: DAS WESEN DES GEISTES UND DER TANTRISCHE WEG

1 Zuflucht 121

Zuflucht – Körper und Geist – Verantwortung übernehmen – Konzentration und Einsicht – Gute Seiten, schlechte Seiten – Der dualistische Geist – Ein Leben ohne Angst – Religion, Gott und Buddha – Innere Zuflucht – Der Mensch Buddha – Sammlung – Buddhas und Lebewesen – Reinigung mit Licht – Widmung

2 Entsagung, Bodhicitta, Leerheit 137

„Entsagung" und Freude – Bodhicitta – Positive und negative Weisheit – Alle Wesen wollen glücklich sein – Begrenzte Hingabe – Lebensqualität und Menschenwürde – Innerer Reichtum – Leerheit

3 Tara-Tantra 145

Tara Energie: Intuition und Erfolg – Zu Tara werden – Begrenzte Ich-Vorstellungen und göttlicher Stolz – Nicht-Zweiheit und Freude – Buddha und ich – Freude und Weisheit – Körper und Geist

4 Die Übung 153

Großzügigkeit – Das Mandala – Einschlafen – Träume – Aufwachen – Achtung vor dem Körper – Die Auflösung – Gedanken und Bilder – Göttlicher Stolz – Die Mondscheibe – Mantra und Licht – Atemübungen – Flamme und Klang – Tara im Herzen – Üben, üben, üben

TEIL VIER: DIE PRAXIS

1 Eine Meditation über die Klarheit des Geistes 169

2 Die Praxis der Grünen Tara 175
Die essentielle Tara-Praxis – Kurze Praxis der Grünen Tara – Zuflucht und einfaches Guru-Yoga – Ausführliche Praxis der Grünen Tara – Übung im Alltag – Klausur – Feuer-Puja

ANHANG

Anmerkungen 193
Leseempfehlungen 208
Lama Yeshe und Ösel Tenzin 210

Einführung

Die meisten Menschen im Westen sind im Glauben an einen männlichen Gott und seinen göttlichen Sohn aufgewachsen. Daneben war und ist (allerdings) die Muttergottes, die Jungfrau Maria, für viele von uns eine Quelle der Inspiration. Vor allem in den romanischen Ländern hat sie schon vor Jahrhunderten die Stelle der alten Großen Göttin eingenommen, die sie in Teilen heute noch hat. Auf der Suche nach den Wurzeln der Göttin in unseren eigenen, aber auch in anderen Religionen, gelangten einige Frauen und Männer aus dem Westen zur indischen Kultur, wo weibliche und männliche Gottheiten zum religiösen Alltag gehören.

Gerade die im alten Indien entstandenen tantrischen Traditionen des Buddhismus kennen und verehren weibliche und männliche Gottheiten. Sie werden als Manifestationen des erwachten, des erleuchteten Geistes, des Buddha-Geistes verstanden. Es gibt viele Wege, den erwachten Buddha-Geist in uns zu entdecken, den wir nach diesen Lehren alle in uns haben und entdecken können. Die Traditionen des Buddhismus, die im Laufe der letzten zweieinhalbtausend Jahre in Asien entstanden sind, bieten Lehren, Übungen und Meditationen, mit deren Hilfe wir die uns innewohnende Weisheit, Liebe und Kraft entdecken und zur Reife bringen können. Langfristig können wir damit alle Schwierigkeiten überwinden und alle Fähigkeiten entfalten, eine Umschreibung von „erwacht“.

Was sind Gottheiten im buddhistischen Tantra? Sind es „fremde Götter", die wir – wie die christliche Tradition lehrt – nicht „haben" dürfen? Sind es Götzen, die von Unwissenden verehrt werden? Die tantrische Tradition beschreibt weibliche und männliche Gottheiten als „innere Schaubilder" erleuchteter Kräfte und Fähigkeiten. Meditieren wir über sie, können wir eben diese Fähigkeiten in uns entfalten. Tantrische Gottheiten sind in diesem Sinne keine außerhalb von uns existierenden Wesen, deren Hilfe, Schutz und Segen wir anrufen. Sie sind eher Bilder für ein erleuchtetes Sein, Symbole der Transzendenz, die wir letztlich mit unserem begrifflichen Denken nicht verstehen. Was wir erfahren können, ist die verändernde Kraft der Visualisierung.

In den Lehren über die Mechanismen der Wahrnehmung heißt es, wir sind, was wir denken. Wahrnehmung bedeutet mit den Sinnen Eindrücke aufnehmen, sie mit unserem Gefühl bewerten und mit Bildern und Vorstellungen darüber denken. Steigen Gefühle von Ärger oder Hilflosigkeit auf, *fühlen* wir uns ärgerlich oder hilflos. Steigen Gefühle der Liebe und Offenheit und Wärme für uns und andere in uns auf, *sind* wir auch offen und liebevoll. In den tantrischen Traditionen werden diese Mechanismen gezielt genutzt. Wir beschäftigen uns mit Erleuchteten – mit Wesen, die aus dem Schlaf der Unwissenheit erwacht sind –, mit ihrer äußeren Form und der Art, die Welt zu sehen, mit ihren Fähigkeiten und Eigenschaften, ihren Freuden und ihrem Handeln. Die Tradition gibt uns Bilder, Symbole und Mantras, heilige Namen und Worte, und sie spricht über die Eigenschaften erleuchteter Wesen. Mit diesen Vorgaben arbeiten wir. Natürlich werden uns im Verlauf der Praxis auch kindliche und unreife Vorstellungen deutlich. Wir projizieren Bilder von Superwoman und Superman. Doch das gehört zur Praxis.

Durch die ständige Beschäftigung mit erleuchtetem Empfinden und Verhalten, durch die Visualisierung von Licht- und Energieformen, durch die Rezitation von Mantras und Gebeten, wird unsere Wahrnehmung gereinigt. Wir nähern uns den Erleuchteten an, im körperlichen und geistigen Empfinden, damit, wie wir uns und die Welt sehen. Der Buddhismus geht davon aus, daß es keine Welt im Außen gibt, die objektiv und unabhängig von uns existieren würde. Es gibt uns und die Welt, doch wie sie uns erscheint, hängt ab von unseren Vorstellungen, Gewohnheiten und emotionalen Mustern. Wenn wir diese reinigen, können wir eingefahrene Wahrnehmungsmuster loslassen und uns für die Welt öffnen, wie sie wirklich ist: Ein ewiger Tanz des Gewahrseins, der Liebe, Offenheit und Energie. Eine innere und äußere Welt, die wir durch unsere Wahrnehmung strukturieren. Tantrische Praxis schützt uns vor „gewöhnlichen Erscheinungen", d.h. vor eingefahrenen Mustern bei der Wahrnehmung. Sie macht uns die offene, klare und unbehinderte Natur unseres Geistes deutlich, die sich dann in vielfältigen Erscheinungen zeigt. Mit tantrischen Visualisierungen üben wir, die Welt als Manifestation geistiger Energien wahrzunehmen: Wir üben uns in „göttlichem Stolz". Mit gewöhnlichem Stolz dagegen klammern wir uns an Dinge, Menschen und Vorstellungen, die unsere unsichere Identität stärken sollen. Mit „göttlichem Stolz" erkennen wir die uns innewohnende Weisheit, Liebe und Kraft und handeln aus diesem erleuchteten Wissen heraus.

Lama Thubten Yeshe wurde 1936 in der Nähe der tibetischen Hauptstadt Lhasa geboren, und starb 1984 in Los Angeles. Er war ein begabter Kommunikator und großer Lehrer und hatte unerschöpfliches Interesse daran, das Denken seiner westlichen Schülerinnen und Schüler zu verstehen. Er ist der einzige mir bekannte tibetische Lama, der in seinem letzten Leben eine Frau gewesen war, eine Äbtissin. Sie hatte ein großes Kloster in der Nähe von Lhasa geleitet. Vielleicht machte es dieser Hintergrund Lama Yeshe so einfach, mit Frauen auf einer Ebene des Respekts und der Achtung umzugehen, und

Frauen fiel es leicht, mit diesem unkonventionellen tibetischen Mönch offen und direkt zu sprechen.

Als Student war er ein beliebter und gefürchteter Debattier-Partner in der tibetischen Klosteruniversität Sera bei Lhasa in Tibet gewesen. 1959 kam er zusammen mit vielen tibetischen Mönchen ins indische Exil. Ihm wurde sehr schnell klar, daß es kein Zurück zu den alten Zeiten in Tibet geben würde. Kurz vor dem Geshe-Examen, dem formalen Studienabschluß, gab er sein Studium auf, begann Englisch zu lernen und intensiv zu meditieren. 1969 gründete er mit seinem Hauptschüler Thubten Zopa Rinpoche ein Kloster in der Nähe von Kathmandu. Dort sollten tibetische und Sherpa-Mönche eine traditionelle Schulbildung erhalten und sich auch mit modernen Fächern wie Englisch, Geographie und westlicher Hygiene befassen. Das Kloster bildet derzeit über zweihundert Mönche aus. Inzwischen gibt es in Kopan auch ein großes Frauenkloster, in dem über hundert überwiegend tibetische Nonnen studieren und meditieren. Der zweite Schwerpunkt war und ist die Ausbildung einer wachsenden Anzahl westlicher Schülerinnen und Schüler.

Fünfzehn Jahre lang lehrte Lama Thubten Yeshe westliche Menschen. Er brachte ihnen auf Englisch die Grundlagen des Buddhismus bei, lehrte sie Achtsamkeit und den Stufenweg zur Erleuchtung (Tib. lamrim). Er sprach über die Bedeutung kundiger Anleitung auf dem geistigen Weg, über die Kostbarkeit der menschlichen Existenz, über Tod und Vergänglichkeit, Leiden, Karma und Zuflucht, über aufgewühlte Emotionen, bedingtes Entstehen und Leerheit, über Liebe und Mitgefühl und den großen Wunsch, Erleuchtung zum Wohle aller Wesen anzustreben, den Weg der Bodhisattvas.

Schon bald ergänzte er die allgemeinen buddhistischen Unterweisungen durch tantrische Belehrungen. Er hielt seine westlichen Schülerinnen und Schüler für fähig, tantrische Übungen auch wirksam zu praktizieren. Er stellte oft fest, daß westliche Menschen ein ungeheuer negatives Selbstbild hatten, voll von Minderwertigkeitsgefühlen. Die tantrischen Methoden schienen ihm besonders geeignet, dieses Selbstbild offenzulegen und dann aufzulösen. Seiner Meinung nach entsprach der tantrische Weg auch der im Westen verbreiteten Haltung, alles auf eine Karte zu setzen und sich einer Sache mit großer Hingabe zu widmen.

Ich selbst lernte Lama Yeshe 1977 auf einer Studienreise nach Indien und Nepal kennen und hatte das große Glück, zwei Jahre lang relativ viel Zeit in seiner „umwerfenden", inspirierenden und stärkenden Gegenwart zu verbringen. Ein Gespräch mit „Lama", wie ihn seine Schülerinnen und Schüler liebevoll nannten und heute noch nennen, ist mir besonders im Gedächtnis geblieben. Es war in meinem ersten Jahr in Kopan. Gerade hatte uns eine westliche Nonne in einer Gesprächsrunde erzählt, sie bete für eine männliche Wiedergeburt, da das vorteilhafter sei für die Praxis der Meditation, wie einige kanonische Schriften lehren. Wütend und aufgeregt lief ich im Eilschritt durchs Kloster. Da begegnete ich Lama Yeshe, der mich liebevoll fragte: „Wie geht es dir, meine Liebe?" Aufgeregt erzählte ich ihm, wie wütend und verwirrt ich war und fragte ihn, ob die Aussage, eine männliche Wiedergeburt sei besser, „definitiv" oder „interpretativ"[1] sei. Lama Yeshe schaute mich an und fragte: „Hast du irgendein Problem damit, eine Frau zu sein?" Für einen Augenblick waren alle meine Gedanken verschwunden. Ich spürte nur einen tiefen Schmerz.

Lama Yeshes Frage hatte meinen inneren Widerstreit offengelegt. Bevor ich zu irgendeiner Erklärung ansetzen konnte, begann er mit einer langen Lobrede auf die Frauen: „Vermutlich ist es in der heutigen Zeit besser, als Frau geboren zu werden. Frauen sind so viel offener für den geistigen Weg. Wenn es in einigen Schriften heißt, eine männliche Wiedergeburt sei einer weiblichen vorzuziehen, dann ist das natürlich eine historisch bedingte Aussage, da zur Zeit des Buddha und auch danach Frauen viel weniger Möglichkeiten hatten, alleine in die Wälder zu gehen und zu meditieren. Heute gibt es mit der Frauenbewegung im Westen ganz andere Möglichkeiten für Frauen. Kümmere dich nicht darum, was andere sagen. Das ist Ausdruck ihres Geisteszustandes. Du weißt, was du kannst und was Frauen können. Orientiere dich daran."

Später sprach ich noch häufig mit Lama Yeshe über Buddhismus und die Frauen, doch seine erste Frage hatte mich etwas Grundätzliches gelehrt: Wie ich mich selbst sehe, wie ich andere Frauen einschätze, welche Bilder und Werte ich mit mir herumtrage – das bestimmt meine Sicht der Welt und meine Interpretation der Lehren. Auch wenn mir diese Einsicht nicht immer präsent ist, ist sie Teil meiner Erfahrung und hilft mir immer wieder, meinen Weg als Frau im Buddhismus zu finden. Bevor ich im Herbst 1979 nach Deutschland zurückkehrte, fragte ich Lama Yeshe, was er mir für mein weiteres Leben empfehle. Er wollte wissen, ob mich ein Geshe-Studium reizen würde.[2] Als ich nicht so begeistert war, fragte er, was mich am Buddhismus am meisten interessiere. Ohne nachzudenken sagte ich: „Tara-Praxis". „Dann wirst du eben Tara-Geshe, Spezialistin für Tara-Praxis." Seitdem begleitet mich die Tara-Praxis auf meinem eigenen Weg und ist Bestandteil aller und Schwerpunkt vieler meiner Kurse geworden.

Lama Yeshes offene und unkonventionelle Art zog viele eher unorthodoxe Suchende an, auch viele Frauen aus der Frauenbewegung. Er achtete Frauen, erkannte ihre Fähigkeiten und gab ihnen Verantwortung. Er stellte schnell fest, daß vor allem seine Schülerinnen ein großes Interesse an Tara entwickelten und die Praxis mit Freude und Ausdauer übten – vielleicht ein Ausdruck von Freude, daß es neben dem männlichen Gottvater und Gottsohn der christlichen Tradition und dem Mann Buddha und seinen Mönchen, den männlichen Schülern, Schulgründern und Oberhäuptern der Übertragungslinien endlich auch eine Erleuchtete gab, die Frauen auf dem Weg inspiriert.

Die Tara-Praxis gehörte zu den ersten Meditationen, die Lama Yeshe lehrte. Sie war schon in Tibet weitverbreitet und beliebt gewesen, und sie wird auch von westlichen Menschen gerne geübt. Meine ersten Tara-Unterweisungen hatte ich bereits im Herbst 1977 bei Geshe Ngawang Dhargyey in Dharamsala, in Nordindien gehört. Weihnachten 1977 gab Lama Yeshe dann im Kloster Kopan eine Einweihung in die Kriya-Praxis der Grünen Tara, der sich eine dreiwöchige Klausur in Lama Yeshes Klausurzentrum Tushita in der Nähe von Dharamsala, Nordindien, anschloß. Zu unserem großen Glück führte Lama Yeshe in der gleichen Zeit am gleichen Ort eine eigene Klausur durch und inspirierte unsere Tara-Praxis durch seine Anwesenheit, seine abendlichen Besuche und Einzelgespräche.

Ein Jahr später hielt Lama Yeshe im Kloster Kopan seinen allerersten Maha-Anuttara-Yoga-Kurs. Zehn Tage lang erläuterte er in seinen Vorträgen die Praxis von Cittamani Tara, einer Form der Grünen Tara aus dem Höchsten Tantra. Dort leitete ich erstmals Meditationen an, teils auf der Grundlage seiner Vorträge, teils nach zusätzlichen Anweisungen an mich allein. Die Tonbandabschriften zu diesem Kurs besorgte ein kleines Team noch in Kopan. Sie waren die Basis für die überarbeitete Fassung, die ich 1980 für die Transkript-Reihe von Wisdom Publications erstellte.

Mit dieser Erfahrung im Hintergrund organisierte ich im Herbst 1981 die Tonbandabschrift der in Deutschland gehaltenen Vorträge über die Grüne Tara und brachte 1982 erste Auszüge und 1987 den ganzen Kurs in einer vorläufigen deutschen Übersetzung heraus. Warum hat es nun weitere elf Jahre gedauert, bis ein Buch mit den drei wichtigsten Unterweisungen von Lama Yeshe zur Grünen Tara auf Deutsch herauskommt?

Vier Hürden sind bei der Herausgabe dieser Art von Vorträgen zu überwinden. Zum einen gilt es einen mündlichen, wie üblich frei gehaltenen, Vortrag mit seinen Wiederholungen in eine verdichtete und straffe Form zu bringen. Zum zweiten sind drei Vortragsreihen zum gleichen Thema sinnvoll zu gliedern. Da Lama Yeshes Hauptinteresse darin bestand, mit Menschen zu kommunizieren und ihnen den Kern der buddhistischen Lehren nahezubringen, trat die systematische Darstellung von Lehrinhalten eher in den Hintergrund. Zum dritten hielt hier ein Tibeter seine Vorträge in einem „broken English", das er von seinen aus aller Welt stammenden Hippie-Schülern gelernt hatte; das führt manchmal zu Mißverständnissen und ist allgemein nicht immer flüssig. Und schließlich können wir ihn seit seinem Tod 1984 in Zweifelsfällen nicht mehr fragen.

Wir haben uns dafür entschieden, die drei Vortragszyklen in ihrer inhaltlichen Gliederung weitgehend zu belassen, da sie einer inneren Logik folgen; dafür haben wir einige Wiederholungen und Überschneidungen in Kauf genommen. Bei den Anweisungen zu Klausur und Feuer-Puja haben wir die ausführliche Fassung aus dem deutschen Kurs zur Grundlage genommen und Ergänzungen aus den anderen Vorträgen eingearbeitet. Zur besseren Übersicht haben wir für Personen, die mit der Praxis der Grünen Tara bereits vertraut sind, Anleitungen zu den einzelnen Übungsschritten in einem gesonderten Schlußkapitel zusammengestellt, mit den entsprechenden Seitenhinweisen zum Nachlesen.

In allen Tara-Belehrungen wird die geradezu feministisch zu nennende Geschichte von Taras Gelübde erzählt. Als Prinzessin Mondengleiche Weisheit (Tib. Yeshe Dawa) hatte die spätere Tara durch Sammlung und Einsicht die Stufe erlangt, wo sie ihre künftige Wiedergeburt wählen konnte. Ein Mönchsfreund beglückwünschte sie zu ihrem spirituellen Erfolg und meinte, nun könne sie sich ja endlich als Mann inkarnieren und so Erleuchtung erreichen. Prinzessin Mondengleiche Weisheit bedankte sich bei dem Mönch und legte dann folgendes Gelübde ab: „Von nun an bis zur vollen Erleuchtung werde ich mich nur als Frau inkarnieren und als Frau Erleuchtung erreichen, als Vorbild und Inspiration für Frauen." Später erhielt Yeshe Dawa dann den Namen Tara, die Befreierin, da sie durch ihr Wirken unendlich viele Wesen auf dem Weg zur Erleuchtung inspiriert und begleitet hatte. Arya Tara, die Edle Befreierin, die freie Frau, die Erleuchtete, ist heute für viele Frauen aus dem Westen zu einer großen Inspiration auf dem Weg geworden, ein kraftvolles Symbol dafür, daß Frausein und Freisein nicht im Widerspruch zueinander stehen, sondern allen Frauen möglich sind. Mögen Lama Yeshes Worte Frauen dazu inspirieren, ihre innere Weisheit zu erkennen und aus ihr heraus zu leben. Möge sie Männern wie Frauen helfen, ihr Frauenbild zu klären und Achtung und Respekt für Frauen und das, was sie tun und sagen, zu entwickeln.

Jedes Buch ist ein Lehrstück in bedingtem Entstehen. Wir möchten an dieser Stelle allen danken, die daran mitgewirkt haben, insbesondere denen, die seine Herausgabe durch ehrenamtliche Mitarbeit und finanzielle Unterstützung erst möglich gemacht haben. Möge die so entstandene positive Energie Freude und Einsicht in allen Beteiligten fördern.

Dem Buch liegen Vorträge aus drei Kursen zugrunde, die Lama Yeshe 1980 in Barcelona und in Vancouver und 1981 in Niederbayern hielt. Alle Anmerkungen stammen von der Herausgeberin.

Jütchendorf, im Frühling 1998
Sylvia Wetzel

ZUR ÜBERSETZUNG

Einiges Kopfzerbrechen bereitete uns die angemesse Übersetzung von Lama Yeshes Terminus „ego“. Der Begriff „ego“ hat als Übersetzung von Sigmund Freuds Begriff „Ich“ Eingang in die englische Sprache gefunden. Er bezeichnet das funktionale Ich der Psychoanalyse. Während das englische „ego“ daher auch ganz neutral „ich“ bedeuten kann, hat „Ego“ im Deutschen immer eine negative Färbung, wie es besonders in Egozentrik und Egoismus deutlich wird. Einige buddhistische ÜbersetzerInnen schlagen nun vor, „Ego“ für das „falsche“ Ich und „Ich“ für das relative Ich zu verwenden. Das führt aber zu einem verkürzten Verständnis. Es geht nicht darum, das egoistische „falsche“ Ich, das Ego, aufzugeben und das „richtige“ Ich beizubehalten, sondern zu durchschauen, daß jedes Ichgefühl in dem Sinne „falsch“ ist, daß es keine Entsprechung dafür in der Wirklichkeit gibt. Das herkömmliche oder relative Ich ist also kein auffindbares Etwas, sondern lediglich ein Name für für eine Fülle von Wahrnehmungen, die Kontinuität und Zusammenhang ermöglichen. Es gibt also die Benennung „ich“ für etwas, das sich unablässig ändert. Es gibt das Ichgefühl, das glaubt, es gäbe ein festes Ich und das Festhalten an diesen Vorstellungen. Das, worauf sich diese Vorstellungen beziehen, das feste Ich, gibt es aber nicht. Wir übersetzen im folgenden Lama Yeshes „ego“ häufig mit Ichgefühl, manchmal verwenden wir auch „Vorstellung von einem festen Ich“ oder „das Ich“. Wir haben uns gegen den Terminus „falsches“ Ich entschieden, weil das moralisch klingt. Es geht hier aber nicht um ein aus moralischen Gründen abzulehnendes Ich sondern um ein Ichgefühl, das auf Unwissenheit beruht.[3]

Lama Yeshes Terminus „self pity image“ oder „self pity imagination“ haben wir im allgemeinen mit „Minderwertigkeitsgefühl“ übersetzt.

Zu den fremdsprachlichen Begriffen: Da sich dieses Buch an das allgemeine Publikum richtet, haben wir bei Begriffen aus dem Sanskrit auf Sonderzeichen verzichtet. Die Fachtermini werden bei ihrer erstmaligen Verwendung entweder im Text oder in einer Anmerkung erläutert. Die Herkunftsprache wird mit den allgemein üblichen Abkürzungen angegeben: Skt. für Sanskrit und tib. für Tibetisch.

Zur Aussprache: Die Aussprache der Fachbegriffe aus dem Sanskrit folgt im allgemeinen den deutschen Lautregeln. Eine Ausnahme bilden einige Fachtermini und Eigennamen aus dem Sanskrit, bei der wir der vertrauten englischen Schreibweise folgen; die Aussprache ist in Klammern angegeben: Shunyata (Schunyata), Shakyamuni (Schakjamuni), Arya Tara (Arja Tara), Bodhicitta (Bodhitschitta), Vajra (Vadschra), Nagarjuna (Nagardschuna), Chakra (Tschakra).

Teil Eins
Die Praxis der Grünen Tara

1 Der tantrische Weg

Tantra, Freude und Bewußtheit – Tara, Symbol und Wirklichkeit – Einweihung – Meditation und Stille – Tantra, Freude und Bewußtheit

Die Tradition beschreibt die Entstehung der tantrischen Lehren mit einer Geschichte: Ein König kam zu Buddha und bat ihn um eine Unterweisung. Er sagte: „Ich bin König und habe ein großes Reich zu verwalten und für meine Untertanen zu sorgen. Ich führe ein geschäftiges Leben, erlebe viele weltliche Freuden und genieße sie auch. Doch ich wünsche mir sehnlichst, daß alles, was ich tue, den Weg zur Befreiung nicht behindert, sondern fördert." Daraufhin lehrte ihn der Buddha den Weg des Tantra.[1]

Was bedeutet Tantra?[2] Wenn wir uns freuen, sind wir normalerweise nicht mehr wach und aufmerksam; unsere Freude verstärkt die innere Dunkelheit und bringt uns in Schwierigkeiten. Dabei sehnen wir uns so sehr nach Klarheit. Der tibetische Buddhismus sagt, wir sollten uns freuen, und zwar so viel und so oft wie möglich. Es gibt nur eine Frage dabei: Befreit uns diese Freude oder bringt sie uns in Schwierigkeiten? Wenn wir uns freuen, brauchen wir viel Gewahrsein und große Bewußtheit. Wenn wir die haben, können wir alle nur erdenklichen Freuden ohne Nachteile genießen – denn Freude wird zu Weisheit, zu glasklarer Weisheit. In der tibetischen

Tradition sprechen wir davon, „Begierde bzw. Verlangen als Weg zur Erleuchtung zu nutzen“[3]. Was bedeutet das? Jede weltliche Erfahrung, jede Erfahrung und Freude der fünf Sinne kann ein Schritt zur Erleuchtung sein.

Meines Erachtens ist es sinnvoll und der Mühe wert, die tantrischen Methoden in den Westen zu bringen. Die westlichen Gesellschaften legen großen Wert auf Vergnügen und die Erfahrung von Freude. Für mich ist das in Ordnung. Meine Fragen setzen da an, wo Menschen über der Freude ihre Achtsamkeit verlieren; das macht nämlich unzufrieden. Damit fangen die Schwierigkeiten an.

Viele religiöse Menschen meinen, daß Glück nur über Leiden erreichbar ist. Ein solches Denken produziert unfähige Meditierende, die glauben, gute Meditation müsse weh tun. Diese Haltung ist Ausdruck primitiver Religiosität und falsch. Religion, Philosophie oder Meditation sind dazu da, uns Freude zu bereiten. Ob und wie wir Freud und Leid erleben, hängt vom rechten Einsatz unserer Energie ab. Deshalb haben Energien und ihre Verwandlung im Tantra große Bedeutung.

Tantra lehrt uns Gifte in Heilmittel umzuwandeln. Deshalb gilt es als so wirksam. Wir lernen auf dem Weg zur Befreiung alles zu nutzen – die natürlichen Ressourcen, die Welt der Sinne, die gesamte Lebensenergie, Subjekt und Objekt. Alles wird in Glück umgewandelt. Wir setzen uns mit Taras „göttlichen“ Eigenschaften gleich, um so eine schnelle Umwandlung unserer Energien zu erreichen. Nicht erst tibetische Yoginis und Yogis übten die Tara-Praxis. Sie war schon vorher in Indien bekannt, beispielsweise Atisha und dem berühmten Philosophen Nagarjuna, den wir Tibeter für einen Erleuchteten halten.[4]

Tara – Symbol und Wirklichkeit

Der tibetischen Legende zufolge lebte die spätere Tara einst als Frau auf dieser Erde, als Prinzessin Yeshe Dawa,[5] die durch ihre Übung Abertausende, ja Millionen Menschen zur Befreiung führte. Dieser Legende zufolge setzte sie sich erst zum Mittag- oder Abendessen nieder, nachdem sie eine bestimmte Anzahl von Menschen zur Befreiung geführt hatte. Durch ihren tätigen Einsatz zum Wohl aller Wesen wurde Yeshe Dawa sehr berühmt, und erhielt den Namen „Tara", was auf deutsch „die Befreierin" heißt. Wie sie es einst gelobt hatte, nahm sie nur weibliche Inkarnationen an und erwachte als Frau zur vollen Buddhaschaft. Diese Tara-Legende bringt zum Ausdruck, daß Frauen genauso die Kraft zur Erleuchtung in sich tragen wie Shakyamuni, der historische Buddha.[6]

Tara ist ein Bild für die vollständig entwickelte weibliche Energie, die vollentfaltete Mutterenergie. Diese weibliche Kraft hilft uns, alle unsere Teilaspekte zu einem Ganzen zusammenzufügen. Es heißt sogar, der Weg zur Befreiung sei ein Geschenk der Mutter Tara, weil ohne ihre Hilfe eure Energien nicht richtig zusammenarbeiten können. Ohne Mutter Erde könnt ihr nicht existieren, ja es gibt euch gar nicht. Warum ist Tara grün? Grünes Licht symbolisiert Annehmen und Auflösen von Widerständen. Es weckt Glückseligkeit und bringt Erfolg. Grün steht auch für praktischen Nutzen.

Auch ich bin ein Kind des skeptischen zwanzigsten Jahrhunderts, ein Mensch des Atomzeitalters. Ich überprüfe genau, was die Tibeter erzählen, wie sie leben und was sie tun. Die meisten Tibeter haben eine Verbindung zu Tara; eigentlich sind alle Tibeter mit Tara befreundet. Ich selbst übe die Tara-Praxis, habe meine Erfahrungen damit gemacht und bin sehr froh darüber. Euch diese Praxis weiterzugeben, scheint mir sehr sinnvoll. Im Buddhismus wird Weisheit als weiblich betrachtet und Mutter genannt. Der Weg, diese Weisheit zu erreichen, ist Bodhicitta, der tiefe Wunsch, Erleuchtung zum Wohl aller zu erreichen. Methode gilt als männlich, und man nennt sie Vater. Das hat seine Gründe, ich kann aber hier nicht näher darauf eingehen.[7]

Einweihung

Eine Einweihung ist die rituelle Einführung in eine bestimmte Praxis. Bei der Einweihung in die Grüne Tara stellt ihr euch vor, euer Körper bestünde aus grünem Licht. Frauen fällt das vermutlich etwas leichter, sich als grüne Frau zu visualisieren als Männern, doch auch jeder Mann trägt die grundlegende Tara-Energie in sich. Alle Menschen besitzen diese friedliche, schöne, weibliche Energie, und gleichzeitig tragen sie zornige und kraftvolle Energie in sich.

Die Praxis der Grünen Tara

Voraussetzung für die Einweihung in die Tara-Praxis ist eine Erfahrung von Leerheit, von Shunyata. Während der Einweihungszeremonie meditieren wir intensiv, konzentrieren und öffnen uns. Hier sitzen viele Einzelwesen. Durch Konzentration können wir aber völlig eins werden und zu einem Geist verschmelzen. Dann erhalten wir die Einweihung.

Die einzig angemessene Motivation für jede Einweihung ist die Bodhicitta-Haltung: Man möchte diese Lehren empfangen, um anderen Wesen damit zu helfen. Wie können wir diese Einstellung fördern? Stellt euch vor, um euch herum sind alle Lebewesen versammelt; sie erfahren unendlich viel Leid. Außerdem alle Buddhas und Bodhisattvas; sie schenken euch ihre Aufmerksamkeit. Meditiert über Bodhicitta, den Wunsch, Erleuchtung zum Wohle aller zu erreichen. Gleichzeitig verwandelt ihr den Mönch Lama Yeshe in einen glasklaren strahlenden Lichtkörper. Damit befreit ihr euch von allem, was der Einweihung im Weg steht.[8]

Meditation und Stille

Vom buddhistischen Standpunkt aus sind sowohl Gier und Verlangen als auch Abneigung und Haß Formen der Aggression. Warum? Dinge und Menschen besitzen wollen, hat eine aggressive Komponente. Wir stehen einem Objekt aggressiv gegenüber, wenn wir seine negativen Eigenschaften übertreiben oder ihm unsere eigenen Mängel und Schwierigkeiten unterstellen. Aggression hat in erster Linie mit unserer geistigen Haltung zu tun und nicht mit dem sichtbaren Gegenstand. Wie uns die äußeren Dinge erscheinen – als Objekte des Verlangens oder der Abneigung – ist Ausdruck unseres eigenen Bewußtseins. Solange ihr glaubt, daß eure Probleme in der Außenwelt beheimatet sind, solange vermehren sich eure falschen Ansichten ständig. Der vorstellungsbehaftete Geist ist dualistisch: Er lebt ständig in Widersprüchen, ist leistungsorientiert und muß pausenlos reagieren. Auf diese Weise entsteht Unzufriedenheit.

Alle Yoga-Methoden Arya Taras befassen sich mit unserer Neigung, ständig mit verblendeten Vorstellungen zu reagieren. Schritt für Schritt bringen sie den Geist zur Ruhe. Sie führen uns in einen eher neutralen Zustand, wo wir nicht mehr von Verlangen, Ärger und Wut besessen sind, und uns auch nicht an eine schwierige Moral klammern. So kommen wir in Kontakt mit der Wirklichkeit. Dieser Zustand emotionaler Neutralität ist wie ungefärbter Baumwollstoff, den wir rot, blau, gelb oder sonstwie einfärben können – offen für jede Veränderung. Wenn wir uns in einer neutralen Haltung befinden, gehen wir automatisch den Mittleren Weg. Das bedeutet Ruhe, Frieden und Klarheit, und das wiederum Glück und Seligkeit. Unser Geist sinkt in die Tiefe, wir lassen los und erfahren Stille.[9]

2 Hinführung zur Praxis

Zur Sadhana – Der Stufenweg – Zuflucht – Das offene Herz von Bodhicitta – Zahlen und Zeit – Güte und Selbstsucht – Bei sich bleiben – Selbstsucht im großen Stil – Leerheit und Selbstbilder – Relative und absolute Wirklichkeit – Übung: Meditation über Leerheit – Übung: Alle Dinge sind im Grunde eins

Es gibt vier Stufen im buddhistischen Tantra: Handlungs-Tantra, Durchführungs-Tantra, Yoga-Tantra und Höchstes Yoga-Tantra.[10] Hier möchte ich eine Tara-Praxis der ersten Stufe vorstellen, dem Kriya- oder Handlungs-Tantra. Jede Tantra-Stufe richtet sich an ganz bestimmte Übende. Die einzelnen tantrischen Stufen unterscheiden sich darin, wieviel Verlangen die tantrischen Praktizierenden auf dem geistigen Weg nutzen können. Traditionsgemäß werden die verschiedenen Ebenen freudiger Energie mit Beispielen zunehmender sexueller Vertrautheit veranschaulicht. Übende der ersten Tantra-Stufe nutzen die beseligende Energie, die durch das Anschauen einer schönen Person entsteht, und wandeln sie um. Auf der zweiten Stufe wird Energie umgewandelt, die aus dem Lächeln zwischen Liebenden erwächst, und auf der dritten Stufe die Energie, die entsteht, wenn sich ein Paar an den Händen hält. Erfahrene Übende des Höchsten Yoga-Tantra können die Energie des Verlangens in den geistigen Weg leiten, die bei einer sexuellen Vereinigung entsteht. Diese intensiven Bilder geben uns eine Vorstellung von der Energie, die wir durch die tantrische Praxis erfassen und umwandeln können.

Zur Sadhana

Die Sadhana von Ayra Tara hat zwei Teile, die vorbereitenden Übungen und den Hauptteil.[11] Zu den vorbereitenden Übungen gehören außer Zufluchtnahme und Bodhicitta noch die Meditation über die vier Unermeßlichen Gedanken, die Übung der Sieben Zweige und schließlich das Guru-Yoga. Inhalt des Hauptteils sind eigene Reinigung und Einswerdung mit der Gottheit. Der Aufbau der Sadhana hilft uns bei der praktischen Umsetzung unserer menschlichen Weisheit.

Der Stufenweg

Im zwanzigsten Jahrhundert gibt es viele verschiedene Wege, aber auch viele falsche Vorstellungen. Ohne Weisheit können wir unsere Kräfte nicht in die rechten Bahnen lenken. Auch unter den Schülerinnen und Schülern des tibetischen Weges gibt es viel Verwirrung: Ein Yogi hat dies gesagt, ein Lama das und ein Mönch wieder etwas anderes. In einem Buch steht dies, in einem anderen jenes. Das verwirrt. Das Leben und die Welt sind schon schwierig genug, und jetzt ist hier auch noch der spirituelle Supermarkt. Ich kenne das von der anderen Seite: 1974 war ich das erste Mal im Westen. Ich ging in einen Supermarkt, war aber nicht in der Lage, etwas auszuwählen. Es gab hundert Dinge, und ich wußte nicht, was ich kaufen sollte. So langsam komme ich damit zurecht und würde heute vielleicht den Samsara-Test bestehen.[12] Es ist gut, den ganzen geistigen Weg und seine Entwicklungsstufen genau zu kennen. Dann können wir alle Aspekte unseres Lebens ohne Verwirrung in den Weg integrieren. Wollen wir, können wir uns sogar alle Philosophien und Religionen der Welt vornehmen, ihre Lehren studieren und sie zu einem Stufenweg zur Erleuchtung zusammenstellen.[13]

Zuflucht

Wie jede Praxis beginnt auch die Tara-Praxis mit der Zufluchtnahme. Sie ist der erste Schritt auf dem geistigen Weg.[14] Zuflucht zu Buddha, Dharma und Sangha zu nehmen ist Ausdruck einer bestimmten Denkweise – das Sich-öffnen für die Befreiung. Wenn ihr Zuflucht zu den Drei Juwelen nehmt, gewinnt ihr große Kraft, wie die Wissenschaftler, die sich für den Bau einer Atombombe entscheiden. Sie fällen eine Entscheidung, entwerfen ein Programm und setzen es um. Mit der Zufluchtnahme erkennen wir die erleuchteten Wesen als Vorbilder an. Wir begreifen, daß wir unsere Probleme anpacken und lösen müssen und einen Zustand jenseits der Unzufriedenheit erreichen können. Dabei nehmen wir uns die Erleuchteten als Vorbild. Wir brauchen Vorbilder, weil wir ständig an allem und jedem zweifeln, gerade Menschen des zwanzigsten Jahrhunderts. Vielleicht gibt es Befreiung, vielleicht aber auch nicht. Vielleicht gibt es Samsara, den Kreislauf des Leidens, der Einsamkeit und der Unzufriedenheit, vielleicht aber auch nicht. Ständig zweifeln wir an allem.

Zuflucht ist ein umfassendes und sehr tiefgründiges Thema. Für gewöhnlich dreht sich unser Geist ständig im Kreis. Probleme scheinen unlösbar. Zufluchtnahme zu den Drei Juwelen ändert das Denkprogramm; ihr erkennt, daß Befreiung möglich ist, wenn ihr mit Körper, Rede und Geist diesen Weg des Friedens geht. Ihr fällt eine Entscheidung, und dadurch entsteht Energie. Mit der Zuflucht zu Buddha, Dharma und Sangha fangt ihr an, Vertrauen zu euch selbst zu fassen. Ihr traut euch selbst immer mehr zu, den Weg zu gehen und das Ziel zu erreichen. Ihr begreift, ihr habt die Verantwortung, und es gibt eine Beziehung zwischen euch und dem Ziel. Psychologisch ausgedrückt: Ihr gewinnt Vertrauen in eure Entwicklungsmöglichkeiten als Mensch und entscheidet euch, sie zu entfalten. Im Buddhismus heißt es, jeder Mensch hat Buddha-Natur. Der Buddha ist also nichts Einmaliges, und wir sind nicht wertlos. Mit der Zufluchtnahme erkennen wir uns und alle Menschen als potentielle Buddhas und entscheiden uns, Buddhaschaft anzustreben. Manche Menschen machen Hungerstreiks. Ihre Willenskraft, ihre Entschlossenheit und ihr Durchhaltevermögen beeindrucken mich. Sie fasten sechzig oder siebzig Tage lang. Könnt ihr euch vorstellen, daß ihr so etwas aushaltet? Ich nicht. Wenn ich mir diese Hungerstreikenden anschaue, verschlägt es mir die Sprache. Diese Menschen sind ein sehr gutes Beispiel dafür, wozu Menschen des zwanzigsten Jahrhunderts fähig sind, ein geradezu perfektes Beispiel für unsere Möglichkeiten.

Starke Motivation und große Entschlossenheit sind wichtig, können uns allerdings sowohl in eine heilsame als auch eine unheilsame Richtung führen. Wenn wir Zuflucht zu Buddha nehmen, drücken wir damit nicht aus, daß wir hoffnungslose Fälle sind und Buddha ein vollkommenes Wesen, das wir um Rettung bitten. Wir gestehen uns ein, daß wir die Situation nicht voll im Griff haben und einiges nicht können. Aber gleichzeitig erkennen wir unsere Entwicklungsmöglichkeiten. Stellt euch vor, ihr sitzt im Flugzeug und hebt gerade ab, in einen Himmel voller Wolken. Trotzdem wissen wir, daß wir irgendwann über den Wolken sind, im weiten offenen Raum. Etwas Ähnliches geschieht bei der Zufluchtnahme. Zwar können uns noch viele Dinge erschüttern, gleichzeitig wissen wir, daß wir über die Wolken hinaus gelangen können. Wenn wir Zuflucht nehmen, fassen wir den festen Entschluß, Buddha als unseren Arzt anzusehen, das Dharma oder die Lehren als unsere Medizin und die Sangha oder die Praktizierenden der Vergangenheit, Gegenwart und Zukunft als unsere Freundinnen und Freunde.[15]

Das offene Herz von Bodhicitta

Nach der Zufluchtnahme entwickeln wir Bodhicitta, den Wunsch, Erleuchtung zum Wohle aller Wesen zu erreichen. [16] Unter Bodhicitta verstehen wir eine sehr umfassende Art der Zuneigung: Wir begreifen, daß alle Wesen im ganzen Universum an Anhaftung leiden und Probleme mit ihrem konkreten Ich haben. Wir empfinden Zuneigung für sie, und diese Zuneigung öffnet unser Herz. Wir kleben nicht an unserer engen Perspektive. Wir spüren nicht nur diese ungeheure Empfindlichkeit, mit der wir bloß an uns denken, nur uns selbst sehen und jammern: „Ich bin ein schrecklicher Mensch. Schaut mich nur an." Vom Standpunkt des Großen Fahrzeugs, dem Mahayana, aus betrachtet, ist diese Haltung neurotisch, obgleich darin auch ein Körnchen Wahrheit steckt. Wenn ihr die Welt betrachtet und seht, wie alle Lebewesen leiden, zählt euer eigener Schmerz nicht mehr. Er verschwindet sozusagen, und psychologisch gesprochen, gibt es dann mehr Raum. Ihr spürt Raum, es gibt für euch genügend Raum auf der Welt. Mit Bodhicitta seht ihr eine Möglichkeit, euch vollkommen zu entwickeln und alle Lebewesen zur Vollkommenheit der Befreiung und Erleuchtung zu führen. Ihr fühlt euch für sie verantwortlich. Mit dieser großen Zuneigung, mit diesem Mitgefühl für das Leid aller Wesen könnt ihr diese Verantwortung auf euch nehmen. Und damit entdeckt ihr auch eure eigenen Möglichkeiten.

Zahlen und Zeit

Wenn man über Bodhicitta bloß nachdenkt, hält man diesen Gedanken vielleicht einfach für einen Witz, für einen buddhistischen Witz, für einen Mahayana-Witz. Wir stellen viele Überlegungen an. „Es gibt so viele Insekten, so viele Moskitos, so viele Wesen. Und wieviele Tage hat ein Jahr, wieviele Tage hat mein Leben?" Wir denken über die zahllosen Lebewesen nach und erfinden Tage, Wochen und Monate. Wir erfinden Zeit. Wir denken an Zeit, an Tage und Nächte. Wir haben die verrückte Vorstellung, daß die Zeit zu kurz ist. Wenn ein buddhistischer Lehrer über eine Praxis spricht, fragen wir uns, wie wir das in so kurzer Zeit schaffen sollen. Wir setzen uns unter Druck und sagen: „Meine Güte, das sind ja vielleicht Ideen. Das erdrückt mich ja. Ich kann das alles nicht." Die Frage ist, was ist euer Maß? Was ist das Maß des Lebens, der Zeit, von Tag und von Nacht? Tage, Monate und Jahre – das ist nichts. Das haben Menschen erfunden, und damit setzen sie sich unter Druck. Wer hat die Zeit gemacht? Wer hat dafür gesorgt, daß das zwanzigste Jahrhundert beginnt? Menschen. Sie haben das in Bezug auf Jesus Christus so festgelegt. Wir machen die Zeit, und dann reden alle von „vor Christus" und „nach Christus". Dann glauben wir das. „Ja, das war vor Christus. Das ist die Nacht, und das ist der Tag." Die Menschen erfinden Monate, und irgendwann gibt es dann Juni, Juli, August und September. Wir machen diese riesigen Pakete, der Juni ist hier, der Juli ist dort, und dann wird alles sehr kompliziert. In Wirklichkeit hat unser Müll-Geist das alles erfunden, und dann wird unser ganzes Leben zu Müll. Wir sitzen da und haben Schwierigkeiten.

Bodhicitta ist ein Begriff aus dem Sanskrit, wörtlich bedeutet es „offenes Herz". Bodhicitta bedeutet: Wir übernehmen Verantwortung und zwar für alle Lebewesen im Universum. Aus Anhaftung an ihrem Ich haben diese Wesen schon zahllose Leben hindurch gelitten. Absolut gesehen existiert ein Ich weder in ihnen noch in uns. Beseitigen wir diese Fessel, gibt es Befreiung. Am Anfang dieses Weges steht Mitgefühl. Zwar sind wir jetzt gebunden, durch unser Ichgefühl und unsere Anhaftungen daran, doch gehören beide nicht zur absoluten Natur der Lebewesen. Vielleicht bläst der Wind etwas heftig, es gibt hohe Wellen, alles gerät etwas durcheinander, und so entstehen unsere Schwierigkeiten.

Bodhicitta ist kein asiatischer Trip und hat nichts mit östlicher Kultur zu tun. Wir alle haben jetzt schon ein offenes Herz.

Es geht darum, es noch weiter zu öffnen. Ihr braucht nicht denken: „Bodhicitta ist eine verrückte Idee. Das gibt es bei uns nicht." Wir alle haben ein bißchen Offenheit. Wenn wir noch offener werden, gibt es Raum. Angenommen, jemand schlägt dich. Die Bodhicitta-Haltung wäre dann, Mitgefühl zu empfinden, Mitgefühl für uns und für die andere Person. Wir könnten vielleicht denken, „Durch mein negatives Karma erscheine ich ihm jetzt auf eine Art, die ihn ärgerlich macht." Eine andere Art zu denken wäre vielleicht so: „Diese Person unterstützt mich, sie hilft mir, mein negatives Karma abzutragen. Deshalb ist sie auf eine Art und Weise sehr freundlich. Ich hoffe, sie schlägt mich noch mehr." Mit einer solchen Haltung können wir eine unglaubliche Verwandlung erleben.[17]

Güte und Selbstsucht

Liebevolle Güte ist das Herzstück, der Kern von Bodhicitta. Es ist die einfachste und angenehmste Meditation. Ohne Bodhicitta funktioniert nichts, keine Meditation und keine Einsichten. Warum brauchen wir Bodhicitta? Weil wir alle voller Selbstsucht stecken. Haben wir schön meditiert, aber kein offenes Herz entwickelt, dann halten wir an jeder noch so kleinen Erfahrung von Seligkeit fest. „Ich, ich, ich, ich möchte mehr davon, immer noch mehr!" Dann ist sofort Schluß mit unseren guten Erfahrungen. Festhalten ist das größte Hindernis für meditative Sammlung. Wenn wir festhalten, sind wir abgelenkt und immer nur auf unser eigenes Glück ausgerichtet: „Mir geht es so schlecht. Ich möchte glücklich sein. Deshalb meditiere ich." Auf diese Weise gibt es aber keine gute Meditation und keine positiven Folgen – Glück, Frieden und Seligkeit. Mit Anhaftung und Selbstsucht funktioniert keine Praxis, auch nicht die tantrischen Übungen. Wir müssen unser Inneres verändern und das offene Herz von Bodhicitta entwickeln.

Bodhicitta entwickeln bedeutet: keinen Ich-Kult betreiben, weder unsere Verhaftung noch Samsara pflegen. In unseren persönlichen Beziehungen sagen wir manchmal zu ein und derselben Person, „ich liebe dich" und manchmal „ich hasse dich". Woher kommt dieses wechselhafte Denken? Es entsteht aus Selbstsucht, aus einem völligen Mangel an Bodhicitta. Was wir mit solchen Aussagen eigentlich ausdrücken, ist folgendes: „Ich hasse dich, weil du mir keine Befriedigung schenkst. Du tust mir weh. Du schenkst mir keine Freude und kein Vergnügen." Darum geht es. „Mein Ich erlangt keine Befriedigung durch dich, deshalb mag ich dich nicht mehr." Alle unsere Schwierigkeiten in persönlichen Beziehungen rühren daher, daß wir kein offenes Herz haben, daß wir unseren Geist nicht zum Positiven verändert haben.

Unsere Selbstsucht ist die Wurzel aller Probleme. Sie macht uns das Leben schwer und führt zu Leiden. Die Lösung für unsere Probleme ist das Mittel gegen die Selbstsucht: Bodhicitta. Der Geist der Selbstsucht macht sich nur Sorgen um das Ich. Bodhicitta schafft Raum im Geist. Dann macht es nichts mehr aus, wenn die beste Freudin vergißt, dir etwas zu Weihnachten zu schenken. „Nun denn, dieses Jahr hat sie mir keine Schokolade geschenkt. Das macht nichts." Der Zweck eurer persönlichen Beziehungen besteht nicht in Schokolade und anderen sinnlichen Genüssen. Wenn Menschen zusammen sind, wenn sie miteinander arbeiten, kann etwas viel Tieferes entstehen. Wenn ihr wirklich glücklich werden wollt, genügen außergewöhnliche Geisteszustände in der Meditation nicht. Es gibt viele Menschen, die jahrelang meditieren und letztlich schlechter dran sind als zuvor, weil sie bei ihrer Rückkehr in die Gesellschaft nicht mehr mit ihr zurecht kommen. Sie können nicht mehr mit anderen Menschen in Kontakt treten, weil ihre friedliche Meditationsumgebung künstlich war. Die Erfahrung war relativ, ohne Festigkeit und ohne Bestand.

Bei sich bleiben

Mit Bodhicitta aber bleibt ihr immer bei euch, wohin ihr auch geht, wo ihr auch seid. Andere Menschen werden eine Quelle der Freude für euch, und ihr lebt für die anderen. Wenn ihr ganz tief in euer Herz hineinschaut, erkennt ihr als Hauptursache eurer Unzufriedenheit, daß ihr anderen nicht helft, so gut es geht. Dann kann man sich vornehmen, „Ich muß mich so entwickeln, daß ich anderen helfen kann". Dann habt ihr mehr Kraft für die Meditation, für ethisches Verhalten und andere positive Handlungen. Das offene Herz von Bodhicitta wirkt wie ein chemischer Prozeß, der euer ganzes Leben, alle gewöhnlichen Handlungen von Körper, Rede und Geist, in etwas Positives und Nützliches verwandelt, so wie man aus Eisenerz Eisen gewinnt. Manche Menschen versuchen ausgeglichen und anderen gegenüber freundlich zu sein, auch dann, wenn sie gerade in großen Schwierigkeiten stecken und leiden. Andere demonstrieren ständig, wie schlecht es ihnen geht und ärgern sich häufig. Sie sind innerlich in einer katastrophalen Verfassung; das zeigt sich in ihrem Gesicht, und wer ihnen begegnet, fühlt sich ebenfalls schlecht. Andere tragen ihr Leiden nicht nach außen, weil sie auf die Gefühle anderer Rücksicht nehmen. Was nützt es, wenn ihr schlechte Energien verbreitet? Es hilft nicht einmal euch selbst und den anderen schon gar nicht.

Manche Leute reden gerne über Erleuchtung und ähnliche Dinge. Bis dahin ist aber noch ein langer Weg. Vergeßt Erleuchtung. Was schert mich Buddhaschaft. Bleibt auf dem Boden. Wenn ihr aber anderen schon nicht helfen könnt, versucht wenigstens, ihnen keinen Schaden zuzufügen.

Selbstsucht im großen Stil

Wer sich voller Freundlichkeit und Liebe anderen Wesen widmet, erlebt mehr Freude als je zuvor. Wenn wir ganz und gar aus „normaler" Selbstsucht bestehen, ziehen wir nur Unglück an. Mit Bodhicitta ziehen wir jedoch gute Freundinnen und Freunde an, gutes Essen und gute Umstände. Seine Heiligkeit der Dalai Lama sagt manchmal, wenn wir wirklich selbstsüchtig sein wollen, dann in großem Stil. Eine großzügige, offene Selbstsucht ist besser als kleinkarierte. Bodhicitta ist gewissermaßen Selbstsucht der anderen Art: Wir erleben viel mehr Freude als je zuvor, wenn wir anderen Freundlichkeit und Liebe entgegenbringen. Mit gewöhnlicher Selbstsucht gibt es nur wenig Freude, und auch die geht leicht wieder verloren.

Wenn ihr Buddhas Lehren begegnet, sollten sie den verrückten Elefantengeist eurer Selbstsucht besiegen.[18] Tragen die Lehren dazu bei, eure Selbstsucht auch nur ein klein wenig zu verringern, nützen sie euch. Wirken sie sich nicht auf eure Selbstsucht aus, bringen sie wenig, auch wenn ihr lang und breit über den Weg zur Erleuchtung sprechen könnt. Westliche Menschen brauchen die Praxis des offenen Herzens. Nach der Arbeit sind sie meist müde. Nach Hause hetzen, schnell eine Tasse Kaffee trinken und sich dann auf das Meditationskissen fallen lassen – das funktioniert nicht. Euer Nervensystem braucht Zeit und Raum. Setzt euch nicht unter Druck. Trinkt lieber in Ruhe eine Tasse Kaffee oder Tee. Wenn ihr müde seid, bestraft ihr euch bloß, wenn ihr dann unbedingt formell meditieren wollt. Laßt es bleiben, legt euch aufs Sofa und meditiert über Bodhicitta.

Behandelt euch und euren Geist mit Freundlichkeit. Denn wer sanft mit sich umgeht, tut das auch mit anderen. Bei mir selber klappt nichts unter Druck, deshalb rate ich euch, tut euch auch keinen Zwang an. Es geht nicht um Stein oder Beton, sondern um unseren Geist, und das ist etwas Organisches.

Es ist viel besser, einen Gegner mit Bodhicitta zu besiegen als mit Messer oder Gewehr. Wenn dich jemand angreift, kannst du Freundlichkeit üben. In den tibetischen Klöstern gab es nicht nur Heilige, sondern auch wilde und rauhe Gesellen. Versuchte man sie mit Gewalt in Schranken zu verweisen, machte sie das nur noch wilder. Weise Mönche, die das Wohl anderer über ihr eigenes stellten, behandelten diese Rauhbeine ganz anders, nämlich ausgesprochen freundlich. Die Folge war: Sie fühlten sich angenommen und geliebt und waren auf einmal sanft wie Lämmer. So besänftigt man mit Bodhicitta aggressive Menschen, ganz ohne autoritäres Gehabe.

Befreit euch von verkehrten Vorstellungen und Selbstsucht, dann seid ihr frei von allem Leiden und von aller Unzufriedenheit. Wer sich um das Wohl anderer kümmert und um ihretwillen die höchste Einsicht, Bodhicitta, anstrebt, findet Glück und Zufriedenheit. Das offene Herz von Bodhicitta zu verwirklichen, ist nicht leicht, auf keinen Fall aber langweilig. Die Wertschätzung für uns selbst in Wertschätzung für andere zu verwandeln, ist die schwierigste, aber auch lohnendste Aufgabe, die es gibt, denn sie macht uns zufrieden. Wenn das offene Herz von Bodhicitta, der Wunsch, zum Wohle aller zu erwachen, auch nur einmal kurz aufblitzt, ist das sehr wertvoll, selbst wenn es nur einmal am Tag für eine Minute ist.[19]

Leerheit und Selbstbilder

Mit Mitgefühl und Bodhicitta entdecken wir das Tor zum Großen Fahrzeug, zum Mahayana. Doch sie allein können noch nicht falsche Selbstbilder und Selbstmitleid auflösen. Dazu bedarf es allumfassender Weisheit. Deshalb beginnt der Hauptteil der Yoga-Methode Arya Taras mit Shunyata, Leerheit.

Das Leerheits-Mantra heißt OM SVABHAVA SHUDDHAH SARVA DHARMA SVABHAVA SHUDDHO HAM. Wenn wir es rezitieren, sagen wir damit OM, alle Phänomene (SARVA DHARMA) sind im Ursprung, von Grund auf oder eigentlich (SVABHAVA) rein (SHUDDHAH). Im Grunde (SVABHAVA) rein (SHUDDHO) bin (auch) ich (HAM). Die einzelnen Silben haben folgende Bedeutung: OM bedeutet *großartig* oder *ausgezeichnet*, SVABHAVA heißt *natürliche* oder *grundlegende Eigenschaft*, SARVA DHARMA sind *alle existierenden Dinge* oder *Phänomene*, SHUDDHO heißt *rein* und HAM *ich bin*.

Frei formuliert heißt das: Unser Geist ist von Natur aus rein. Er ist nicht eins mit der Vorstellung von einem festgefügten Ich, nicht eins mit Verblendung, Unheilsamem oder Minderwertigkeitsgefühlen. Wenn aber unser Geist im Grunde rein ist, wozu brauchen wir dann eine Reinigungsmeditation? Weil diese reine, die wahre Natur von einer Pseudo-Identität verdeckt und unser Ichgefühl unglaublich stark ist. Es verhindert den Kontakt mit unserer wahren Natur.

Menschen sind mitunter niedergeschlagen, sie halten gleich alles für hoffnungslos und sich selbst für faul und träge. Das stimmt überhaupt nicht. Unser Geist ist von Natur aus völlig rein, und durch Meditation können wir damit in Kontakt treten. Minderwertigkeitsgefühle sind eine Schöpfung des „Ich", eine reine Erfindung, etwas Künstliches. Sie gehören nicht zur grundlegenden Natur des menschlichen Geistes.

Wer bei der Meditation Erfahrungen mit der ruhigen, klaren Natur des eigenen Geistes macht, bekommt leicht Angst, „sich selbst" zu verlieren und als „Ich" zu verschwinden. Das zeigt, wie schwierig es ist, zwischen unserem negativen Selbstbild und unserer grundlegenden Wirklichkeit zu unterscheiden. Ihr müßt begreifen: Wir existieren nicht so, wie unser „Ich" sich das vorstellt.

In bestimmten Phasen der Meditation existiert das Ichgefühl für unsere unterscheidende Weisheit nicht mehr. Aber das bedeutet nicht, daß ihr selbst gar nicht existiert. Ihr existiert einfach anders. Manchmal spürt ihr in der Meditation, daß die Aufmerksamkeit weder auf ein äußeres Objekt noch auf euch selbst als Subjekt gerichtet ist: es gibt nur noch Leerheit. Diese Erfahrung kann man ruhig zulassen. Man braucht keine Angst davor zu haben. Es ist nicht negativ. Ihr habt sehr lange dazu gebraucht, diese riesige Vorstellung von einem festen Ich aufzubauen. Das ist nicht von heute auf morgen aufzulösen.

Diese Ichvorstellung ist schwer zu erkennen, weil sie sich im Unbewußten versteckt. Wir müssen es geschickt anstellen und brauchen viel Wissen und Achtsamkeit, wenn wir sie aufspüren wollen. Deshalb ist Gewahrsein so wichtig: Es wirkt wie die Sonne, verscheucht dunkle Energien und beseitigt das negative Selbstbild, das aus Dunkelheit entsteht. Ununterbrochen klares Gewahrsein aufrechthalten – das ist die rechte Art der Meditation.

Auf diese Weise entsteht die Einsicht, daß dieses Selbst nichts Festes ist. Unsere Selbstbilder bestehen aus Vorstellungen und Vorurteilen. Die ganze herkömmliche Wirklichkeit besteht aus nichts anderem. Alle auftauchenden Gedanken müssen wir loslassen und durch intensives Gewahrsein auflösen – auch Gedanken über Gott, Buddha, Dharma und Sangha.

Die Erfahrung intensiven Gewahrseins ist nicht-dualistisch, ohne jeden Schimmer von Gut und Böse. Sobald man irgendeine herkömmliche Erscheinung bewußt wahrnimmt, arbeitet das „Ich" schon wieder. Ganz instinktiv sucht man nach Boden unter den Füßen, nach Beständigkeit, nach etwas Festem. Das ist normal. Ihr sucht nach einem aus sich selbst heraus existierenden Sein. Das „Ich" ist mit einer oberflächlichen, herkömmlichen Existenz nicht zufrieden. Es sucht nach objektiver Schönheit oder nach etwas wirklich Häßlichem. Es kann die Natur nicht einfach lassen, wie sie ist. Setzt eure Intelligenz ein, paßt auf, daß ihr die Wirklichkeit nicht an der falschen Stelle sucht, nämlich in einer objektiven Außenwelt. Entwickelt also intensives Gewahrsein für die Klarheit eures Geistes.

Relative und absolute Wirklichkeit

Bei der Meditation über Leerheit geht es vor allem darum, die falschen Vorstellungen von einem objektiven Ich zu erkennen. Vom buddhistischen Standpunkt aus gibt es weder ein Ich noch Selbst, weder innen noch außen. Wenn hier von „Selbst" die Rede ist, bedeutet das etwas, das „von sich aus" oder „objektiv" existiert. Ein Tempo-Taschentuch existiert beispielsweise nicht aus sich heraus, sondern relativ. Bestimmte Ursachen, Bedingungen und Bestandteile führen zu einer Vorstellung von einem Ding. Dieses Ding bekam den Namen Tempo-Taschentuch, und jetzt erkennen es die Menschen als solches. Ein Tempo-Taschentuch ist ein ganz gewöhnliches Ding. Trotzdem ist sein absolutes Wesen Nicht-Zweiheit, Nicht-Selbstexistenz.

Alle Dinge existieren in Abhängigkeit. Im Westen beginnt man dieses Prinzip allmählich im Rahmen der Abfallverwertung zu verstehen. Alle Dinge stehen miteinander in Beziehung, es gibt keine von allem anderen unabhängige Energie. Auch das relative, das herkömmliche Ich existiert in Abhängigkeit. Aber wir halten es für etwas Absolutes und bringen damit die relative und absolute Ebene durcheinander.[20]

Kein Ding auf dieser Welt existiert aus sich heraus. Alle Dinge sind nicht-dualistisch. Wenn ihr dieses Tempo-Taschentuch von seiner Nicht-Zweiheit trennt, trennt ihr es von den vier Elementen Erde, Wasser, Feuer und Luft, dann gibt es gar kein Tuch mehr.

Ein bekanntes Bild für Leerheit ist der Raum. Man kann gewöhnliche Dinge nicht von dem sie umgebenden Raum trennen und genausowenig von ihrer Leerheit. Alle Dinge und Lebewesen existieren im Raum der Nicht-Zweiheit. Wir *sind* Nicht-Zweiheit, nicht getrennt von Nicht-Zweiheit.

Auf der anderen Seite sind Relatives und Absolutes natürlich eins. Das haben schon die alten Griechen gesagt. Der Buddha zeigt diese Einheit auf ganz natürliche Weise. Sie ist weder Erfindung von Philosophen noch Schöpfung eines Gottes. Wir sind die Einheit von Relativem und Absolutem, ohne Widerspruch. Relative und absolute Phänomene existieren ohne Widerspruch zueinander. Dieses Nichtwidersprüchliche müssen wir entdecken, und das kann in der Meditation geschehen.

Jedes relative Ding kann uns zum Nichtwidersprüchlichen hin führen. Wenn wir sehen oder hören und der Welt der Sinne begegnen, hilft uns das gewöhnlich nicht, die Ganzheit zu entdecken. Eher versinken wir so vollständig in der relativen Welt, daß wir nicht einmal die relative Ebene, die relative Wirklichkeit spüren, beispielsweise die eines Glases. Was will ich damit sagen? Für gewöhnlich erfinden wir unsere eigene Welt, unsere eigene Wahrheit, etwa über dieses Glas, seine Form und seine Farbe. Das ist ein Spiel unseres dualistischen, gespaltenen Geistes. Unser Geist ist ständig am Kochen.

Alle Phänomene sind voneinander abhängig, hängen miteinander zusammen, schwingen miteinander. Sie bedingen sich gegenseitig, so wie Schön und Häßlich. Schön existiert nicht ohne Häßlich, und Häßlich nicht ohne Schön. Weder Schönheit noch Häßlichkeit sind etwas Absolutes. Nehmen wir Beziehungen als Beispiel. Zuerst halten die jungen Leute ihre Beziehungen für etwas Absolutes. Da es aber weder absolute Schönheit noch absolute Nettheit gibt, macht sich nach einiger Zeit Enttäuschung breit. Dann werden Partner oder Partnerin gewechselt. Dann folgt die nächste Enttäuschung. Wir müssen erkennen, daß das alles nur Phantasieprodukte sind und begreifen, daß sich Schönheit und Häßlichkeit gegenseitig bedingen. So werden wir realistischer, die Verblendungen nehmen ab, und das Ich macht sich weniger breit. Schaut euch die modernen Menschen an, wie sie aussehen, wie sie sich kleiden, wie sie auftreten: ständig neu, immer in der Hoffnung, endlich objektiv schön und anziehend zu sein.

Übung: Meditation über Leerheit

Wenn du klug handelst,
wenn sich dein Geist für die relative Welt öffnet,
zeigt dir die Relativität
ihre Nicht-Zweiheit, ihre Ganzheit.
Die Relativität wirkt dann wie ein Signal.
Die Tatsache, daß Dinge erscheinen,
weist klar auf ihre Nicht-Zweiheit hin,
auf ihre nicht-selbstexistente Natur.

Wenn du begreifst, wie diese Rose hier,
der ganz besondere Energiefluß dieser Rose
in Abhängigkeit existiert und relativ,
eröffnet sich dir eine neue Sicht.
Du bist nicht mehr nur mit der Farbe beschäftigt.
Ständig beschäftigen wir uns
mit den Rot-Schwingungen und
sagen dann, „Oh, ist das schön!"
Wir können aber noch tiefer gehen.
Wir können noch tiefer eindringen in die Blume,
statt uns nur mit den Farbschwingungen zu befassen.
Dann entsteht eine neue Dimension,
eine neue Dimension des Verstehens,
eine neue Beziehung zu der Blume.

Das gleiche gilt für ein Gesicht. Ihr schaut ein Gesicht an. Ihr seht die Haut. Wenn ihr nur die Haut seht, schaut noch einmal hin. Geht tiefer, schaut, was in den Zellen vor sich geht, wie sie Sauerstoff aufnehmen. Dann nehmt ihr mehr wahr, eure Gefühle ändern sich und eure Vorstellungen. Eine neue Dimension öffnet sich, eine neue Wirklichkeit. Die westlichen Naturwissenschaften sind etwas Wunderbares, weil sie auf dieser Ebene Neues herausfinden. Würdet ihr die Erkenntnisse eurer Naturwissenschaften im Alltag verwirklichen, könnten sie Grundlage einer echten Religion werden. Wie die Religionen haben sie eine Erklärung für innere Vorgänge, weil sie die Wirklichkeit der Materie begreifen. Damit können wir unser Bewußtsein verändern und uns selbst besser verstehen.

Begreifen wir, wie die relativen Phänomene in wechselseitiger Abhängigkeit existieren, hilft uns das, die letztendliche Wirklichkeit, die Nicht-Zweiheit zu verstehen. Die Nicht-Zweiheit ist in allen Dingen gleich, in allen Lebwesen, auch in allen Menschen. Aber trotzdem ist meine Nase nicht eure Nase!

Dieses Einssein, diese Nicht-Zweiheit, diese Ungeschiedenheit hat niemand erfunden oder sich ausgedacht. Sie ist unser innerstes Wesen. Diese universelle Einheit, diese Ganzheit muß man spüren, erfahren. Das gilt auch für die Nicht-Zweiheit, die Ungeschiedenheit der christlichen und der buddhistischen Religion.

Vom buddhistischen Standpunkt aus sind Menschen dann wirklichkeitsnah, wenn sie relative und absolute Wahrheit begreifen. Solange die Menschen weder mit der relativen noch mit der absoluten Wahrheit oder Wirklichkeit in Kontakt sind, haben sie ziemlich wenig Weisheit. Was geschieht, wenn ihr durch München geht? Versteht ihr dann, was oder wie München ist, besser oder weniger? Was geschieht, wenn ich oder andere Leute sagen, München sei so oder so? Beobachtet euch einmal selbst! Wenn ihr euch über meine Worte ärgert, hängt ihr an eurer relativen Wahrheit und haltet sie für absolut. Wenn ihr Raum habt für andere Meinungen, ahnt ihr etwas von der absoluten Wahrheit.

Mit dem Leerheits-Mantra betonen wir die Reinheit aller Dinge: „Alle Dinge sind im Grunde rein, rein bin auch ich." Da legt das „Ich" sofort Widerspruch ein, denn es denkt: „Seit meiner Geburt bin ich aber so und so." Mit dem Leerheits-Mantra schulen wir unseren Geist und lehren ihn, sich selbst anders zu sehen. Ganz im Gegensatz zu unseren gewöhnlichen, konkreten Vorstellungen sagen wir jetzt SVABHAVA SHUD-DHO HAM: „Diese Wirklichkeit, diese Reinheit der Wirklichkeit, das bin ich." Das gilt es zu verstehen. Mit dieser Sicht müßt ihr euch vertraut machen. Laßt die folgenden Gedanken und Bilder auf euch wirken.

Übung: Alle Dinge sind im Grunde rein

Diese Reinheit der Nicht-Zweiheit, das bin ich. Das bin ich! Das ergibt mehr Sinn als zu glauben, „Ich bin schön, alle lieben mich! Ich bin hübsch, alle haben mich gerne!" Erkennen wir die universelle Wirklichkeit, die universelle Einheit, das Einssein, greifen wir nicht mehr wie besessen nach der relativen Ebene.

Alle universellen Phänomene, in ihrem nichtdualistischen Wesen, in ihrer Ungeschiedenheit – das bin ich. Diese Nicht-Zweiheit – das bin ich. Seid euch der Nicht-Zweiheit bewußt, so gut wie möglich.

Laßt los. Seid euch so weit wie möglich eurer Erfahrung von klarer und ruhiger Energie bewußt. Das ist euer Geist, euer Gewahrsein. So könnt ihr erkennen, daß das Ich nicht aus sich heraus existiert.

In diesem Augenblick beginnen die Kirchenglocken zu läuten. Wenn ihr Glocken läuten hört, könnt ihr leicht erkennen, daß der Klang der Glocke keine konkrete Selbst-Existenz besitzt. Das Glockenläuten existiert nicht unabhängig von euch. Der Klang entsteht im Ohr, und die Bedeutung des Klangs im Denken.

Das Denken in Kategorien des Ich läßt sich nicht so leicht durchschauen und auflösen. Wir halten etwas für fest und beständig, was sich in Wirklichkeit ständig ändert – und das erzeugt Unruhe und Druck. Die Vorstellungen von einem festen Ich zerbrechen, heißt den Weg zur Befreiung einschlagen. Dann fühlt ihr euch in der Nicht-Zweiheit wie der Glockenklang im Raum; der hat keine Angst dort zu schweben. Zerstört eure Vorstellungen von einem konkreten, festgefügten Selbst, und habt keine Angst vor dem Schweben im Raum der Nicht-Zweiheit. Übt die Meditationen über Shunyata. Erlebt die kosmische Einheit von relativer und absoluter Wahrheit und ruht darin. Dann erkennt ihr bei jedem Kontakt mit der relativen Welt die absolute Wahrheit. Jedesmal, wenn ihr diesen Punkt erreicht, jedesmal, wenn ihr das spürt, versenkt euch in diese Erfahrung, konzentriert euch darauf und haltet das Gewahrsein aufrecht. Es gibt im Westen viele verschiedene Definitionen von Konzentration. In unserem Kontext bedeutet es: Stetiges Gewahrsein.

Jetzt widmen wir unsere Energie dem Wohle aller Wesen. Mögen alle Wesen im Weltall, die in früheren Leben unsere Mütter waren, die allumfassende Einheit, das Einssein von relativer und absoluter Wahrheit entdecken. Mögen alle Dinge im Weltall uns helfen, unsere Weisheit zu vertiefen.

3 Die Übung

Zu Tara werden – Weibliche Energie – Frauen und Männer – Klare Erscheinung und göttlicher Stolz – Fragen: Gut und Böse, Visualisierung – Wir sind Tara – Atemübung – Mantra und Licht – Den Alltag verwandeln – Trägheit – Freude – Leerheit und relative Welt – Absolute Schönheit – Mantra-Rezitation – Die Flamme im Herzen

Wenn wir unser Gewahrsein nutzen und über Ruhe meditieren, können wir Nicht-Zweiheit gut erleben. Öffnen wir nach einer solchen Meditation die Augen und nehmen die Welt wieder wahr, kehrt auch die Vorstellung von Selbst-Existenz wieder zurück. Die Tradition empfiehlt dann eine bestimmte Übung: Wir erkennen alle Wahrnehmungen als Illusion, als Täuschung, als Luftspiegelung oder Traum, und verstehen so, daß alles, was wir dualistisch wahrnehmen, gleichzeitig eins mit Nicht-Zweiheit ist. Ihr nehmt die Welt der Sinne zwar dualistisch wahr, begreift aber gleichzeitig ihre nicht-dualistische Natur. So könnt ihr die Erfahrung der Nicht-Zweiheit aus der Meditation in den Alltag hineintragen.

Auch wenn wir das Sitzkissen verlassen, behalten wir beim Essen, Gehen und Stehen die Erfahrung der Nicht-Zweiheit bei. Wir wissen, daß wir alle Dinge dualistisch wahrnehmen, und genau das erkennen wir als optische Täuschung. Das ist der rechte Umgang mit relativen Dingen. Leerheitsmeditationen sind von größter Bedeutung für die Praxis der Arya Tara Yoga-Methode.

Zu Tara werden

Konzentriert euch auf den Raum der Leerheit, und visualisiert gleichzeitig das ganze Mandala darin. Das ganze Weltall ist ein Vajra-Grund, und der ist umgeben von einem Vajra-Wall und überdacht von einem Vajra-Schirm[21], und in seiner Mitte blüht eine Lotosblume. Auf diesem Lotos liegt eine flache weiße Mondscheibe und auf dieser steht ein grüner Lichtstab, die Keimsilbe TAM. Ihr seid dieses grüne Licht und ruht in der Erfahrung von Nicht-Zweiheit. Lotos, Mond und das grüne Licht-TAM symbolisieren unseren Geist. Vom buddhistischen Standpunkt aus ist die ganze Welt, unsere Umgebung und alle unsere Freuden eine Manifestation unseres eigenen Geistes.

Lotos, Mond und grüner Lichtstab strahlen Licht in alle Richtungen aus und bringen allen Buddhas und hohen Wesen beseligende, unvergängliche Energie dar. Gleichzeitig berühren die Lichtstrahlen alle Lebewesen im Weltall, diese verwandeln sich in grünes Licht und werden zu Taras. Dann löst sich alles in grünes Licht auf, und dieses sinkt zurück in das grüne TAM, das unser eigenes Bewußtsein, unser eigener Geist ist. Dann verwandelt sich das TAM in den strahlend grünen Lichtkörper von Arya Tara.

Auch Taras Körper leuchtet. Er ist durchsichtig wie ein Regenbogen oder ein Kristall und strahlt grün. Dieser Lichtkörper ist jung und schön, ohne die Spannungen des stofflichen Körpers aus Fleisch, Blut und Knochen, und erweckt große Seligkeit in uns. Der Lichtkörper kann riesengroß sein oder winzig klein wie ein Sesamkorn. Der grün strahlende Lichtkörper Arya Taras zieht magnetisch alle nötigen guten Eigenschaften an. Wir sind völlig überzeugt, daß wir sie besitzen. So setzen wir uns so mit Arya Taras erleuchteter Energie von Arya Tara gleich und erleben gleichsam ihre Erleuchtung.

Durch die Leerheitsmeditation habt ihr Weisheitsenergie entwickelt. Dieses intensive Gewahrsein von Nicht-Dualität verwandelt sich nun in Arya Tara Buddha. Mit göttlichem Stolz spürt ihr: „Das bin ich!" Für den Anfang reicht es, eine ungefähre Vorstellung von Arya Taras grünem Lichtkörper zu entwickeln. Stellt euch ein Lichtwesen in weiblicher Gestalt mit zwei Armen vor und seid euch dieses Bildes ohne Unterbrechung bewußt.

Weibliche Energie

Was ist das Wesentliche an Tara? Tara ist ein vollständig entwickeltes Wesen. Ihre Weisheit ist völlig entfaltet. Sie ist erwacht. Aus diesem Grund hat sie auch die Kraft, uns zu völliger Zufriedenheit und zu umfassendem Erfolg zu führen. Vertrauen und Hingabe der Tibeter Tara gegenüber sind den Gefühlen westlicher Menschen für Maria ganz ähnlich. Tara ist eine Mutterfigur wie die Madonna im Christentum. Tara verkörpert Weisheit und ist zuständig für den Weg zur Erleuchtung. Die Tibeter glauben, daß Tara-Übende seit zahllosen Leben mit Tara verbunden sind, und sie wissen, daß Tara-Energie sehr kraftvoll ist. Die Tara-Weisheit hilft ihnen auf dem Weg zur Erleuchtung, und die Praxis gibt ihrem Leben eine Richtung. Sie kann auch den Menschen im Westen Erfüllung schenken und Erfolg bescheren.

Überall wo Männer in der Menschheitsgeschichte Erfolg hatten, hatte das etwas mit Frauen zu tun. Auch heute noch kann ein Mann ohne weibliche Kraft nicht arbeiten, nicht einmal ein Geschäftsmann. Als der große tibetische König Songtsengampo den Buddhismus nach Tibet bringen wollte, suchte er sich dafür zwei Frauen; er heiratete eine Frau aus China und eine aus Nepal. Eine galt als eine Verkörperung der weißen Tara, und die andere als Verkörperung der Grünen Tara. Zum Beispiel mache ich mir auch deshalb keine Sorgen um den Buddhismus in Deutschland, weil ich hier so viele gute Arya Tara Freundinnen habe.

Wenn Tibeter gute Geschäfte machen wollen, geben sie bei den Klöstern Tara-Pujas in Auftrag. Das bringt den Geschäftsleuten Erfolg und den Klöstern Geld. Die erfolgreichen Tara-Pujas sind heutzutage sogar fast ein Problem für die tibetischen Klöster in Indien geworden, weil die Rezitation der 21 Gebete zu Tara für die Geschäftsleute einen großen Teil ihrer Zeit in Anspruch nimmt. Andererseits sichern sich die Mönche damit ihren Lebensunterhalt.

Frauen und Männer

Wer erfolgreich sein will, braucht weibliche und männliche Energie, braucht die Energie von Frauen und Männern. Sie gehören zusammen; das ist das natürliche Gleichgewicht. Wenn ich den Buddhismus in den Westen bringe, mache ich das nicht alleine und nicht nur mit meiner Energie. Arya Tara schenkt mir die notwendigen Fähigkeiten, die ich brauche, um Dharma in den Westen zu bringen. Was Frauen und Männer betrifft, so möchte ich euch folgenden Rat geben:

Männer und Frauen sollten sich nicht gegenseitig Vorhaltungen machen, sondern sich natürlich verhalten. Einfach Frau sein, ist wunderbar. Einfach Mann sein, ist wunderbar. Ihr braucht nicht konkurrieren: „Ich bin besser, und du bist schlechter." Manche Frauen wehren sich gegen die Darstellung von Frauenkörpern in der Werbung, weil viele Werbeleute Frauen als Sexsymbole zeigen; sie reduzieren Frauen auf Sexualität. Diese Vorstellung ist natürlich falsch. Ich weiß allerdings nicht, wie sinnvoll es ist, die Darstellung von Frauen in der Werbung generell abzulehnen. Wenn die Menschen das schön finden, kann man es doch machen. Wenn man damit aber ausdrückt, Frauen seien nur gut fürs Bett, ist das einfach Unsinn. Beziehungen zwischen Mann und Frau laufen nicht nur über Sexualität.

Arya Tara sitzt in einer ganz bestimmten Haltung. Das rechte ausgestreckte Bein steht für aktives Mitgefühl und kluges

Handeln. Mit dem linken angezogenen Bein beherrscht sie das untere Chakra, und das bedeutet: sie ist kein Sex-Symbol. Ihre Haltung widerlegt die Ansicht, Beziehungen zwischen Männern und Frauen liefen nur über das untere Chakra. Eine solche Haltung ist verkehrt und negativ. Eine Beziehung zwischen einem Mann und einer Frau kann sich auf der Ebene des untersten Chakra abspielen, sie kann aber genauso im Nabel-Chakra, Herz-Chakra, Kehl-Chakra, Stirn- und Scheitel-Chakra ablaufen. Taras Sitzhaltung symbolisiert, daß sie die Lust des unteren Chakra transzendiert. Frauen und Männer müssen unbedingt begreifen, daß Beziehungen zwischen Mann und Frau viele Ebenen haben und nicht nur auf das untere Chakra begrenzt sind.

Klare Erscheinung und göttlicher Stolz

In der ersten Stufe des Tantra erleben wir große Seligkeit, wenn wir die Gottheit anschauen und nutzen diese Seligkeit als Weg zur Erleuchtung. Freude durch Anschauen können wir leichter unter Kontrolle halten als die Freude, die durch Berühren entsteht. Diese Freude ist wiederum leichter zu kontrollieren als die Freude, die durch eine sexuelle Begegnung entsteht. Ich verstehe das so: Jede weltliche Freude ist in Ordnung, wenn wir sie als etwas Positives nehmen und sie in einen Weg zur Erleuchtung verwandeln können.

Die Hauptmethoden sind klare Erscheinung und göttlicher Stolz.[22] Praktisch läuft das so: Stellt euch vor, ihr seid ein grün strahlender Lichtkörper und behaltet diese Vorstellung bei. Bei einem gewissen Maß an Klarheit entspannt ihr euch und hört auf zu denken. Konzentriert euch ganz auf den grünen Lichtkörper. Ist die Konzentration einigermaßen gut, verlagert das Schwergewicht auf den göttlichen Stolz. Macht euch immer wieder klar: „Dieses Einssein, diese Nicht-Zweiheit, diese große Weisheit und Seligkeit, diese große beseligende Weisheit, das Wesen aller Erleuchteten, das bin ich." Was mit erleuchteter Energie gemeint ist, versteht ihr ungefähr – spürt sie, erlebt sie, jetzt, in diesem Augenblick. Seid euch eures Tara-Körpers bewußt und entwickelt göttlichen Stolz. Das ist der Kern von Arya Taras Yoga. Durch das klare Gewahrsein für den eigenen Arya Tara Lichtkörper beseitigen wir unsere gewöhnlichen dualistischen Ansichten und Meinungen. Die klare Erscheinung der Gottheit wird zu einem Gegenmittel für die gewöhnlichen Vorstellungen. Mit göttlichem Stolz beseitigen wir unsere Minderwertigkeitsgefühle. Diese beiden Methoden sind die Hauptsache: ein klares Bild und göttlicher Stolz.

Manche Tibeter denken, das Wichtigste bei Taras Yoga-Methode sei die Mantra-Rezitation. Natürlich ist Mantra-Rezitation nicht verkehrt, manchmal ist es aber besser, zum Kern der Sache zu kommen, sich mit dem Wesentlichen zu befassen. Die westlichen Menschen brauchen den ganzen kulturellen Ballast nicht, und deshalb hört ihr von mir nicht, daß die Mantra-Rezitation sehr wichtig sei. Ich sage euch: Klare Erscheinung und göttlicher Stolz sind das Wichtigste, sie bewirken Wandlung und große Veränderung.

Von Taras Aura strahlt Licht aus in alle zehn Richtungen des Weltalls. Es reinigt alle Wesen, und die ganze Umgebung wird in grünes Licht verwandelt. Es befreit alle Wesen von Leiden und verwandelt sie in grüne Taras. Diese Übung unterstützt die Konzentration. Treten ablenkende Gedanken auf, etwa an Zuhause, an bestimmte Menschen und so, könnt ihr grünes Licht ausstrahlen. Das Licht berührt die Menschen, an die ihr denkt und verwandelt sie in Taras, und die ganze Umgebung wird zu grünem Licht. Ganz Deutschland löst sich in grünes Licht auf, und dieses Licht sinkt in euch zurück. Auf diese Weise können wir auch einen unruhigen Geist für unsere Entwicklung nutzen.

Wenn ich im nordindischen Dharamsala meditiere, verwandle ich zunächst das ganze Dorf, die Kasernen der indischen Armee und ganz Indien in grünes Licht, bis ich der einzige Mensch dort bin. Meine Konzentration ist viel stärker, wenn es keine Objekte mehr gibt, die mich ablenken können. Im Westen verwandle ich alle Länder und insbesondere alle Supermärkte in grünes Licht. Das ganze Weltall ist in meinem Herzen, und es gibt nur noch Tara. Bei der Übung könnt ihr euch viele tausend Kilometer groß und manchmal winzig klein vorstellen. Das macht den Geist flexibel. Versenkt euch in das Gefühl, die ganze universelle Wirklichkeit zu sein. Das ist mit Mandala gemeint.[23]

Fragen: Gut und Böse, Visualisierung

FRAGE: Wie existieren Sie auf einer relativen und wie auf der absoluten, der letztendlichen Ebene?
LAMA YESHE: Ich existiere im Raum, in der Zeit, im Universum. Manchmal tue ich mir selbst leid. Manchmal erlebe ich mich als ein sehr tiefgründiges, als kosmisches Wesen. Ich bin beides.

FRAGE: Wenn alles nur eine Idee in meinem Kopf ist, habe ich dann noch das Recht, jemals eine andere Person zu kritisieren?
LAMA YESHE: Ihr habt das Recht, bestimmte Punkte zu kritisieren. Auf einer relativen Ebene gibt es Gut und Böse. Absolut gesehen gibt es kein Recht auf Kritik.

FRAGE: Wie weiß man, was Gut und Böse ist?
LAMA YESHE: Das hängt von vielen Faktoren ab. Nichts ist absolut richtig oder falsch. Man kommt nie zu einem Konsens, solange man mit der relativen Welt spielt, so lange nicht, bis man die absolute Ebene erreicht. Nehmen wir Ernährung als Beispiel. So etwas wie absolut richtiges Essen gibt es nicht. Richtiges Essen hängt von vielen Faktoren ab, von eurem Nervensystem, euren Gewohnheiten, eurer Umgebung, von Sonne und Mond. Wenn man darüber streitet, kommt nichts dabei heraus.

FRAGE: Was kann ich tun, wenn ich nicht visualisieren kann?
LAMA YESHE: Die beste Meditation ist das Ruhen in Leerheit. Etwas visualisieren heißt einfach: Das Ding erscheint vor deinem inneren Auge. Kannst du mich sehen? Ja? Jetzt schließe die Augen.

FRAGE: Wenn ich die Augen schließe, kann ich Sie nicht mehr sehen.
LAMA YESHE: Nicht mehr mit den Augen, aber du kannst dich sicher an mein Gesicht erinnern. Du denkst einfach an mich. Das ist mit Visualisieren gemeint. Das reicht völlig. Die Frage ist wichtig, daher möchte ich noch etwas hinzufügen. Vielleicht gibt es ein Problem mit den Begriffen. Vielleicht versteht ihr unter Bild nur das, was man mit den Augen, mit dem Gesichtssinn wahrnehmen kann. Visualisierung im Tantra bezieht sich auf den „sechsten" Sinn, auf das geistige Bewußtsein. Man meditiert nicht mit dem Sinnesorgan Auge oder einem der anderen der fünf Sinne. Wenn wir im Traum bestimmte Bilder sehen, hat das nichts mit den Augen zu tun. Es geht um den Geist, um geistige Erfahrungen.

Wir sind Tara

Sobald ihr eine Einweihung in die Praxis von Arya Tara erhalten habt, solltet ihr euch vierundzwanzig Stunden am Tag als Arya Tara manifestieren, also nicht nur während der formellen Meditation. Das gilt ganz besonders für Zeiten intensiver Übung wie Meditationswochen und -tage. Die Tara-Praxis wird so zum Brennpunkt unseres Lebens. Normalerweise leben wir ohne ein klares Zentrum, der Geist ist unstet, und ständig verändern wir alles. Mit der Tara-Praxis richtet ihr euch ständig auf Arya Tara aus. Der Tara-Körper ist wie ein Regenbogen, eine Spiegelung glückseliger transzendenter Weisheit. Stellt euch eine Lampe vor oder die Sonne. Beide leuchten. Licht hat Form und Farbe, und doch kann man es nicht anfassen. Licht hat keine materielle Substanz. Auch unser Lichtkörper ist durchsichtig wie ein Regenbogen. Wenn wir uns als strahlende Tara aus Licht visualisieren, transzendieren wir unseren eigenen Körper, seine Erdenschwere. Was ist ein Lichtkörper? Denkt an ein Spiegelbild. Der Vollmond spiegelt sich im Wasser, und ein Spiegel gibt Formen und Farben wieder. Wenn wir uns als Lichtkörper betrachten, sehen wir unsere eigene Erscheinung als Spiegelung, als Spiegelbild.

Erkennt euren transzendenten Arya Tara Körper als Manifestation nicht-dualistischer Weisheit, voller Seligkeit und Freude. Er existiert nicht aus sich heraus, sondern wie ein Trugbild. Seid euch der Einheit von nicht-dualistischer Weisheit und freudvoller Erscheinung bewußt.

Atemübung

Zur Entwicklung und Stärkung der Konzentration, atmen wir auf eine bestimmte Weise. Wir atmen ein und halten den Atem für eine kurze Zeit an, denn die Bewegungen, die durch den Atem entstehen, lenken uns ab und behindern die Konzentration. Haltet den Atem nach dem Einatmen eine Weile an und bleibt in dieser Zeit mit der Aufmerksamkeit ganz bei Arya Tara. Beim Ausatmen lockert ihr die Aufmerksamkeit wieder. Vollkommene Konzentration oder Samadhi habt ihr erreicht, wenn ihr drei, vier Stunden lang ohne Ablenkung mit der Aufmerksamkeit beim Tara-Körper bleiben könnt. Dann wißt ihr ganz tief, daß ihr euch jetzt solange konzentrieren könnt, wie ihr wollt. Konzentration, Achtsamkeit, Einsgerichtetheit, Einsgerichtete Konzentration kann man unendlich weiterentwickeln. Es gibt da keine Grenzen.

Mantra und Licht

Arya Taras Körper kann man genausowenig berühren oder gar festhalten wie einen Regenbogen. Mit eurem Tara-Körper verhält es sich genauso. Wenn ihr euch gut konzentrieren könnt, dann richtet die Aufmerksamkeit auf euer Herz: In eurem Herzen befindet sich eine Mondscheibe, eine Manifestiation reiner Weisheit. In der Mitte der Mondscheibe erscheint das Konzentrationsobjekt, die grüne Keimsilbe TAM. Um den Rand der Mondscheibe stehen die Silben des Mantras OM TARE TUTTARE TURE SOHA. Ihr könnt das Mantra laut oder im Stillen rezitieren, die Lippen bewegen oder einfach dem Klang des Mantra im Herzen lauschen.

Mantra, Mondscheibe und das grüne TAM leuchten. Ihre Aura und ihr Strahlen erfüllen das ganze Universum. Das Licht wird zu Gaben an alle erleuchteten Wesen. Es berührt alle Wesen in allen Bereichen, wo es Leiden gibt, reinigt sie von Einsamkeit, Unzufriedenheit und geistiger Verwirrung und schenkt ihnen universelle Liebe und großes Mitgefühl.

Den Alltag verwandeln

Macht euch während der Meditation und auch danach bewußt, daß ihr von Lebewesen ohne Zahl umgeben seid. Sie alle sind Manifestationen Arya Taras. Alle Gedanken – positive wie negative – erkennt ihr als die nichtverblendete Weisheit Arya Taras, und alle Laute und Klänge – angenehme wie unangenehme – als das transzendente Mantra von Arya Tara.

Wir nutzen alle Bewußtseinszustände als Weg zur Erleuchtung – auch den Schlaf: Beim Zubettgehen legen wir uns bequem auf die rechte Seite und stellen uns vor, Arya Tara zu sein. Dann weckt der Schlaf Weisheitsenergie. Beim Aufwachen am Morgen nehmen wir alle Geräusche als Arya Taras Mantra wahr. Sie weckt uns auf, und wir werden Arya Tara, und die morgendliche Dusche wird zu einer Gabe an Tara. So geht es weiter.

Ihr könnt euch auch folgendes beim Einschlafen vorstellen: Ihr seid Arya Tara. Meditiert für eine Weile. Stellt euch vor, daß die Keimsilbe TAM strahlendes Licht aussendet. Es verwandelt die Umgebung und alle Wesen in grünes Licht. Dieses Licht kommt wieder zurück und sinkt in euch hinein. Dann löst ihr euch auf, vom Scheitel und von den Füßen her zum Herzen hin. Ihr löst euch auf ins Herz-Chakra, in das Mantra und in die Keimsilbe TAM. Das Mantra sinkt dann in die Keimsilbe. Das TAM löst sich von unten nach oben auf. Es löst sich vollständig auf und verschwindet schließlich im Raum der Nicht-Zweiheit. Dann schlaft ihr einfach so ein.

Die Tara-Praxis umfaßt tiefe Weisheit und bestimmte Methoden. Damit können wir all unsere Lebensumstände in dieser Welt für den Weg zur Erleuchtung nutzen und sie in glückselige, transzendentale Weisheit verwandeln. Die Tara-Praxis zeigt euch, daß ihr nicht im materiellen Körper feststeckt. Ihr erlebt Augenblicke, die durch keine Vorstellungen getrübt sind und gewinnt Vertrauen, daß ihr jederzeit in den Zustand nichtverblendeter, umfassender, glückseliger Weisheit gelangen könnt. Ruht in diesem Vertrauen.

Trägheit

Der tibetische Meister Lama Tsongkhapa betonte immer wieder, daß wir uns vor Trägheit hüten müssen. Es gibt grobe und subtile Trägheit. Bei grober Trägheit oder Dumpfheit schlafen wir ein. Subtile Trägheit wird manchmal auch Absinken genannt. Sie ist eine Falle, in die man leicht gerät, wenn man gut zu meditieren glaubt. Wer etwa bewußt ist und auf das Meditationsobjekt gerichtet bleibt, dabei aber ohne Klarheit ist, erlebt subtile Trägheit. Darum handelt es sich auch, wenn unsere Achtsamkeit nachläßt. Mit subtiler Trägheit ist unser Geist nachlässig und eigentlich nicht lebendig. Aber alle Menschen besitzen die Fähigkeit, im Zustand andauernder Seligkeit, Freude und Klarheit zu verweilen, wenn sie meditieren oder Konzentration üben.

Freude

Wenn ihr so länger meditiert, entdeckt ihr darin eine tiefe Freude, die mit weltlichen Freuden einfach nicht zu vergleichen ist. In einem solchen Zustand besitzt der Geist große Kraft. So entsteht Entsagung. Weltlichen Freuden hinterherzujagen, wird dann einfach überflüssig. Meditation schult uns, auf Sinneseindrücke nicht mehr mit Verblendungen zu reagieren.

Viele Menschen haben schon bei der Meditation erlebt, daß sie am liebsten gar nicht mehr damit aufhören würden. Sie wollen nicht mehr in die „Normalität" zurückkehren, weil sie in der Meditation eine nie gekannte Freude und Zufriedenheit, einen Zustand von Freude, Ruhe und echtem Frieden erfahren. Für manche Menschen ist diese Erfahrung ein großer Schock, aber trotzdem sagt sie dir: Du bist in Kontakt mit der Wirklichkeit.

Leerheit und relative Welt

Die Yoga-Methode Arya Taras beginnt mit einer Meditation über Leerheit.[24] „Aus der Leerheit" werden wir zu Arya Tara. Alle relativen Phänomene entstehen und existieren im Raum der Nicht-Zweiheit. Alles funktioniert, weil es nicht-dualistisch ist.

Aus der Leerheit, dem Raum der Nicht-Zweiheit entsteht Arya Tara. Sie ist Nicht-Zweiheit. Im Buddhismus heißt es oft, Leerheit ist wie der Raum. Dort gibt es nichts Festes, keine Hindernisse, die aus sich selbst heraus existieren. Formen und Farben, Häuser und Berge, organische und anorganische Natur entstehen und wachsen im Raum. Es ist wie mit Pilzen im Wald, die heute klein und morgen riesengroß sind. Sie können wachsen, weil es Nicht-Dualität gibt. Das gilt für die stoffliche wie die geistige Welt.

Nicht-Zweiheit ist die allumfassende Wirklichkeit, und wir ruhen darin, wir sind Teil davon. Gleichzeitig ist Nicht-Zweiheit ein Teil von uns, und wir sind in ihr. Auch im Tod können wir uns nicht aus der Nicht-Zweiheit entfernen, weil sie einfach immer da ist.

Christen sprechen von Gott. Er ist für sie das allumfassende Prinzip. Gott erschafft die Menschen, euch alle, die ihr hier sitzt. Nach einiger Zeit verschwindet ihr wieder und kehrt zurück zu ihm. Das allumfassende Prinzip der Buddhisten heißt Nicht-Zweiheit. Alles folgt diesem Prinzip, auch die organische und anorganische Natur. Das Rot der Rose entsteht aus Nicht-Zweiheit, existiert in Nicht-Zweiheit, und wird dann in Nicht-Zweiheit zurückkehren und in ihr aufgehen. Es kann sich gar nicht aus der Nicht-Zweiheit entfernen. Das ist doch hochinteressant, nicht wahr?

Auch wir Menschen existieren immer in Nicht-Zweiheit, können aber geistig nicht immer in Leerheit verweilen. Deshalb manifestieren wir uns als grün strahlende Arya Tara. Wenn wir das tun, können wir auf einfache Weise erkennen, daß alles Nicht-Zweiheit ist. Das ist Sinn und Zweck dieser Praxis. Unser alltägliches Leben läßt uns meist keinen Raum zu begreifen, daß wir selbst, die äußere Welt, unsere Vorstellungen darüber und überhaupt alle relativen Phänome Nicht-Zweiheit sind.

Im Tantra visualisieren wir uns als grün strahlenden Lichtkörper. So lösen sich unsere Minderwertigkeitsgefühle einfach auf, und wir erkennen, daß relative und absolute Wahrheit, relative Phänomene und Nicht-Zweiheit dasselbe sind. Diese Einheit ist absolute Schönheit. Beides zu erkennen ist unsere Aufgabe.

Absolute Schönheit

Normalerweise sprechen wir nur über relative Schönheit. Einssein aber ist absolute Schönheit, weil es uns absolut selig macht, wenn wir es erkennen können. Kern der Arya Tara Praxis ist: Die Einheit von Relativem und Absolutem realisieren. Das müssen wir verstehen, damit wir ganz normal leben können – schließlich können wir nicht immer in der Leerheit bleiben. Da wir es mit der Welt der Sinne zu tun haben, müssen wir verstehen, daß sie gleichzeitig nicht-dualistisch sind.

Es gibt drei Arten von Einssein, von Grundlage, Pfad und Frucht. Das grundlegende Einssein ist die Einheit von relativer und absoluter Ebene der Wirklichkeit. Weil sie eins sind, können wir den Weg gehen. Der Pfad ist die Art und Weise, wie wir die Tara-Praxis üben, Sie läßt keinen Raum für die Vorurteile des Ich, für Minderwertigkeitsgefühle und das gewöhnliche Alltagsdenken. Wir streben eine Erfahrung von Transzendenz an. Da wir nun einmal Körper, Rede und Geist besitzen, müssen wir deshalb diese drei Aspekte unseres Seins umwandeln. Den Körper verwandeln wir in Arya Tara und die Rede in das Mantra göttlicher, höchster Weisheitsenergie. Denken oder Geist verwandeln wir in nichtverblendete, allumfassende Weisheit, die nicht mit Vorstellungen behaftet ist. Wir verwandeln unseren Geist in die universelle Weisheit der Nicht-Zweiheit. Wenn uns das gelungen ist, ist das die Frucht des Weges.

Mantra-Rezitation

Das Mantra rezitieren wir leise und konzentriert, manchmal sogar im Stillen und bleiben dabei ganz wach. Mit einer bestimmten Atemübung wird intensive Konzentration, intensives Gewahrsein gefördert. Dabei atmen wir ganz sanft ein, halten den Atem etwas an und konzentrieren uns. Flaches Atmen ist nicht gut. Wir tun es, wenn wir Angst haben, und seelisch kranke Menschen tun es meistens. Diese Atemtechnik kann man immer und ohne weitere Umstände benutzen.

Die Flamme im Herzen

Bei guter Konzentration richten wir die Aufmerksamkeit auf das Herz-Chakra und lauschen dem Klang des Mantra. Das öffnet das Herz. Dann stellen wir uns eine kleine Kerzenflamme mitten auf der Mondscheibe in unserem Herzen vor. In dieser Flamme manifestiert sich unsere nicht-dualistische Weisheit als Mantra-Klang. Lauscht dem Klang des Mantra bewußt, intensiv; laßt euch nicht ablenken, werdet nicht träge und denkt keine dualistischen Gedanken.

Die Meditationstechnik mit der Flamme im Herzen ist einzigartig. Sie erzeugt Wärme im Herz-Chakra, und dadurch entsteht Seligkeit und innere Zufriedenheit. Bei dieser Art von Konzentration bekommt man das Gefühl, daß man keine Nahrung braucht, weder Speise noch Trank, und es ist tatsächlich so. Ihr nährt euch von Samadhi, von Konzentration, und könnt damit ziemlich lange ohne Nahrung leben. Euer Herz-Geist entwickelt sich, ihr könnt euch an Vergangenes erinnern und Zukünftiges vorhersagen. Zeit und Raum setzen keine Grenzen, und ihr könnt das ganze Weltall sehen.

Später visualisiert ihr in eurem Herzen eine weitere reiskorngroße Tara. In ihrem Herzen brennt eine kleine Flamme, in der sich das Mantra befindet. Meditiert nun über den Klang des Mantra im Herzen Taras. Diese Technik heißt „Meditation ohne Rezitation", weil ihr das Mantra nicht mehr selbst rezitiert. Ihr sitzt nicht irgendwie da und lauscht dem Mantra – ihr seid es selbst und der Klang des Mantra.

Es gibt noch etwas Wunderbares in der Sadhana, das ich bislang nicht erwähnt habe: das Vajra-Herz, das unzerstörbare Diamant-Herz. Stellt euch vor, das ganze Universum wird zu einem einzigen Vajra-Herzen, und ihr seid Tara. Das ist ein guter Trick, um die verwirrten Gedanken zum Stillstand zu bringen.[25]

Die Tara Praxis ist eine Lebensaufgabe, ein langer Weg intensiver Übung. Sie beginnt mit den vorbereitenden Übungen, denen die Meditation über Shunyata folgt. Aus Shunyata entstehen wir als Arya Tara. Anschließend rezitieren wir das Mantra, zuerst hörbar und im Stillen. Schließlich folgen die Visualisierungsübungen ohne Rezitation: Erst die Flamme und dann die kleine Tara im Herzen.

Die Tara-Praxis ist tiefgründig, logisch aufgebaut und sozusagen wissenschaftlich überprüfbar. Es geht nicht nur um Worte, ihr könnt diese Praxis verwirklichen. Schreibt eure Erfahrungen in der Meditation auf und überprüft, wie die Übungen auf euren Geist wirken.

4 *Klausur und Feuer-Puja*

Vertrauen auf die eigene Kraft – Rückzug und Schweigen – Klausur – Feuer-Puja

Vertrauen auf die eigene Kraft

Ihr habt nun einiges über Weisheit gehört und einige Meditationstechniken kennengelernt. Ihr wißt um eure Schwierigkeiten, könnt sie prinzipiell lösen und kennt praktische Methoden dazu. Ich glaube nicht an Gebete von der Art: „Oh schenke mir Kraft, schenke mir bitte Befreiung!" Ich sage überhaupt nicht gerne: „Bitte schenke mir Befreiung, schenke mir die Erleuchtung!" Ich fühle mich komisch, wenn ich das tue. Buddha hat uns eine glasklare Einführung in die Funktionsweise der relativen Welt gegeben und die verschiedenen Phänomene erklärt. Er hat uns die absolute, die allumfassende, die letztendliche Wirklichkeit oder Wahrheit dargelegt. Was bleibt da noch an Fragen offen? Wir meditieren, entwickeln Gewahrsein und so werden wir uns dieser allumfassenden Wirklichkeit bewußt.

Wenn ihr euch zutraut, diese Erklärungen und Methoden anzuwenden und mit euren Schwierigkeiten zu arbeiten, könnt ihr alles erreichen und alle Probleme lösen. Wer Vertrauen in das eigene innerste Wesen, in die allumfassende Wirklichkeit hat, kann dieses Vertrauen auch anderen vermitteln. Man spürt es mit dem Herzen und begreift es mit dem

Verstand, und das führt zu echter Kommunikation. So kann man anderen helfen.

Innere Zufriedenheit und Durchdringungskraft oder Konzentration müssen wir ständig aufbauen. Vertraut eurem innersten Wesen, dann fühlt ihr euch wohl mit euch selbst, auch wenn allerlei Gedanken kommen. Auf diese Weise wachsen wir und können unsere Erfahrungen mit Angehörigen, Freunden und Bekannten teilen. Dabei lernen wir selbst immer weiter.

Rückzug und Schweigen

Diese Meditationsübungen sind wirksam und kraftvoll, vor allem dann, wenn wir intensiv üben. Es ist sehr sinnvoll, für Wochen oder Monate in Zurückgezogenheit zu üben. Zu Beginn denkt man vielleicht: „Das ist zuviel, das kann ich nie machen." Wenn ihr aber dann ein wenig meditiert und aus eigener Erfahrung versteht, sind ein paar Wochen nicht mehr viel. Meditation in Zurückgezogenheit ist etwas sehr Sinnvolles, besonders wenn man in einer schlechten Verfassung oder durcheinander ist. Eine gewisse Zeit in Klausur sorgt für eine klare Situation. Anschließend kehrt man erfrischt und glasklar zurück und kommt besser mit der Welt zurecht. Das ist doch sehr sinnvoll.

Wenn wir bei einer Klausur schweigen, lernen wir viel über uns. Wenn wir eine Weile geschwiegen haben und dann wieder reden, spüren wir, daß Reden geradezu wehtun kann. Reden ist die große Leidenschaft des dualistischen Geistes, es macht ihm unglaubliches Vergnügen. Wer das noch nie erlebt habt, glaubt es nicht unbedingt – deshalb überprüft selbst, dann versteht ihr, was ich meine. Die buddhistischen Lehren erklären sehr genau, wie Samsara, der Kreislauf sich ständig wiederholender Schwierigkeiten funktioniert: Der Buddha kannte nämlich den Geist, die menschliche Seele genau. Worte sind dualistisch, Ausdruck von Unwissenheit, Vorstellungen, Konzepte. Ein gutes Beispiel für die Wirkung von Worten ist die Werbung bei euch im Westen. Die Werbeleute wissen genau, welche Worte sie in unseren Geist schleudern müssen, um die Menschen zu erreichen, und sie tun es auch.

Ich empfehle allen Übenden wenigstens eine strikte Klausur im Jahr. Auf diese Weise erweitert und vertieft ihr eure inneren Erfahrungen, lernt etwas Neues und wachst jedes Jahr ein bißchen. Dann kommt ihr leichter mit eurem Leben zurecht. Wer in der Hoffnung auf Erleuchtung lediglich Informationen sammelt und immer nur Neues aufnimmt, kommt nicht weit. Wenn ihr euch ein Jahr lang mit bestimmten Lehren befasst habt, meditiert einen Monat intensiv darüber. Ich gehe jede Wette ein, daß euch das mehr bei der Integration der Lehren hilft als ein weiteres Jahr Studium oder Auswendiglernen.

Im allgemeinen gebe ich nur dann Einführungen in eine tantrische Praxis, wenn darauf eine Phase intensiver Meditation folgt. In einem Kurs entsteht Energie. Ihr habt eure Kraft gegeben und ich die meine, wir haben unsere Energien zusammengebracht, damit etwas in unserem Leben geschieht. Das ist immer das Ziel von Kommunikation. Ihr wollt mit eurem Leben etwas Sinnvolles anfangen. Intellektuelles Verständnis ist nicht alles: Machmal sind die Lehren vom Verstand her völlig klar, und trotzdem bleibt alles beim alten – weil im Herzen nichts geschehen ist. Deshalb sind Phasen intensiver Meditation sehr hilfreich. Ich garantiere euch, daß sich im Verlauf eines Retreats vieles in euch klärt. Eure Energie selbst klärt sich. Wer gerne in Klausur gehen möchte, sollte das tun. Wer keine Zeit dazu hat, sollte sich aber nicht unter Druck setzen. Übt einfach jeden Tag ein wenig zu Hause und freut euch auf eine Klausur irgendwann. Wir brauchen Tara immer – vom Anfang des Weges bis zur Erleuchtung – und dann brauchen wir sie, um das Erwachen zum Ausdruck zu bringen.

Klausur

Wie geht man bei einer Klausur vor? Die Sitzungen könnt ihr über den Tag verteilen. Bei vier Sitzungen macht ihr eine frühmorgens, eine nach dem Frühstück, eine am Nachmittag und eine am Abend. Ein bis eineinhalb Stunden sind genug, sonst verliert ihr Energie. In einer Gruppenklausur sollte man zu Beginn nie länger als eine Stunde am Stück meditieren, außer wenn alle das gerne möchten.

Teilt euch verschiedenen Meditationstechniken auf die einzelnen Sitzungen auf. In der ersten Sitzung am Morgen macht ihr die ganze Sadhana, einschließlich der Mantra-Rezitation und der Widmung. In der nächsten Sitzung macht ihr nicht alles, sondern werdet schnell zu Tara, und dann konzentriert ihr euch. Macht viele kurze Sitzungen mit starker Konzentration und dann eine Pause. Ihr könnt auch eine Gehmeditation machen und euch dabei vorstellen, daß ihr auf der Mondscheibe spazieren geht. Gehen tut so gut.

Denkt daran: Bei einer Tara-Klausur visualisieren wir uns nicht nur während der formellen Sitzungen sondern auch in den Pausen als Arya Tara. Viele Menschen sind nämlich bei der formellen Übung ganz gut konzentriert, aber in der Pause kommt die Konzentration wieder abhanden, die gewöhnlichen Vorstellungen kehren zurück, und wir versinken wieder in unseren gewöhnlichen Selbstbildern. Eine Stunde lang entwickeln wir Klarheit, und im nächsten Moment sind wir wieder durcheinander. Es wird daher empfohlen, das Gewahrsein für Ayra Tara auch zwischen den formellen Sitzungen aufrechtzuerhalten. Eine weitere Übung für die Zeit, in der wir uns draußen in der Welt bewegen, besteht darin, alle Dinge als nicht-dualistisch, als Illusion, als Zuschreibungen zu erkennen. Extreme Vorstellungen sollten wir als Fantasieprodukte erkennen. Dann gibt es keine unangenehmen Folgen.

Läuft eine Sitzung nicht gut, geht nach draußen, schaut in die Ferne, schaut in den Himmel und macht vielleicht eine kleine Gehmeditation, bis der Geist wieder klar und frisch ist.

Ihr könnt auch ein Bad nehmen oder duschen, wie es die Japaner gerne tun. Setzt euch nie unter Druck, niemals – das geht schief. Das gibt eine Katastrophe. Ihr müßt mit eurem Baby-Geist spielen lernen. Meditation soll keine Strafe sein. Das ist ganz schlecht. Es soll sein wie beim Ausgehen: In einen Zustand der Glückseligkeit, ins Licht hinein gehen. Tut einfach euer Bestes. Das ist gut genug.

Ist eine intensive Klausur nicht möglich – ich weiß, das ist im Westen recht schwierig -, könnt ihr vielleicht eine Sitzung am Tag abhalten. Das ist wunderbar, und wenn ihr täglich übt, seid ihr euer ganzes Leben in Klausur. Danach erledigt ihr eure Verpflichtungen. Ihr könnt auch zwei Sitzungen am Tag machen, eine morgens und eine abends vor dem Schlafengehen, und dazwischen macht ihr eure Arbeit. Es gibt nicht nur eine Art und Weise, wie so etwas zu machen ist. Stimmt die Klausur auf euren Lebensstil ab. Es ist euer Leben, nutzt es daher auf bestmögliche Weise. Seht euch in den Sitzungen immer als Tara und erkennt die nicht-dualistische glückselige Natur aller Dinge.

Feuer-Puja

Den Abschluß einer Klausur bildet für gewöhnlich eine Feuer-Puja. Ich möchte euch nicht zu einem tibetischen Ritual drängen, doch die Feuer-Puja ist eine sehr kraftvolle Tummo-Meditation, eine Übung zur Entwicklung innerer Wärme. Westliche Menschen brauchen aktive Meditationen, weil sie gerne aktiv sind. Der östliche Mensch ist ein wenig passiv, ihm fällt es leichter, sich nach innen zu wenden. Der westliche Geist ist jedoch aktiv und muß mit dem echten Feuer spielen. Die mündliche Übertragung des Textes zur Feuer-Puja geht so: Ich rezitiere ihn, und ihr könnt dabei meditieren. Anschließend gebe ich euch einen kurzen Kommentar dazu.[26]

Bei einer Feuer-Puja geht es um zwei Dinge: um Methode und Weisheit, um das Entwickeln von Shunyata-Weisheit und von Bodhicitta. Die Feuergottheit heißt Vajra Daka (tib. Dorje

Khandro). Vajra Daka ist ein Buddha, der besondere Heilkräfte hat. Sein Mund ist ein Schwarzes Loch und kann alle negativen Energien aufessen. Es ist wie in der Astronomie: Wer sich einem Schwarzen Loch nähert, wird davon verschlungen. Als noch kein Mensch etwas von Schwarzen Löchern ahnte, wußten die Tibeter schon Bescheid darüber. Dieses Schwarze Loch verschlingt alle unreine Energie im Weltall.

Setzt zuerst ein kleines Feuer in Gang. Im Feuer visualisiert ihr Buddha Vajra Daka. In der einfachen Variante nehmt ihr eine Schale mit schwarzen Sesamsamen, die ihr vor euch hinstellt. Ihr seid Tara,und in eurem Herzen befindet sich ein grüner Lichtstab. Licht strahlt aus in alle zehn Richtungen und zieht alle Probleme der ganzen Welt an: Krankheiten wie Krebs und Tuberkulose, alle Probleme, die mit Verlangen und Festhalten zu tun haben, die politischen Probleme in Nahen Osten, die Schwierigkeiten eurer Freundinnen und Freunde, alle Probleme, die ihr euch nur vorstellen könnt. Das Licht in eurem Herzen nimmt den Wesen alle festen Ich-Vorstellungen und Fehler, alles Leiden und alles Negative ab, und all das sinkt in die schwarze Sesamsamen. Von euren Füßen steigt Windenergie auf. Sobald sie beim Nabel-Chakra ankommt, entsteht dort Wärme in Form einer kleinen Flamme. Sie wird immer größer, explodiert schließlich im Zentralkanal, und die Flammen jagen so eure gesamte negative Energie zur Nasenöffnung hinaus. Alle unsere störenden Haltungen, all unsere Geistesgifte – unsere Hahn-, Schlangen- und Schweinementalität[27] – treten durch die Nasenöffnungen nach außen. Die negative Energie nimmt die Form von allerlei unangenehmem Getier an, von Skorpionen, Schlangen, Spinnen usw. Das Getier sinkt zusammen mit allen Krankheiten, Problemen und negativen Energien in die schwarzen Sesamsamen. Diese Sesamsamen bringen wir Vajra Daka dar. Eine Feuer-Puja ist eine einfache und kraftvolle Übung für das Klausur-Ende. Sie ist aber nicht darauf beschränkt. Wenn ihr z. B. das Gefühl habt, ihr könnt mit einer bestimmten Situation überhaupt nicht umgehen oder euch ganz negativ und unrein fühlt, ist eine Feuer-Puja sinnvoll. Ihr könnt sie zuhause machen oder nach draußen gehen. Geht an einen schönen Ort, in die Berge, macht ein Feuer und heilt eure Wunden. Ich garantiere euch, diese Praxis bricht eure Stimmung auf und löst die Verwirrung. Wenn ihr ins Feuer schaut, fällt euch die Vorstellung ganz leicht, daß all die dummen Gedanken im Feuer verbrennen.

Gleichzeitig ist die Übung eine Bodhicitta-Praxis. Ihr nehmt den Wesen alle unreine Energie ab und bringt sie dar. Es ist besser, ins Feuer zu schauen, als von Wut und Verlangen besessen zu sein. Ich finde diese Praxis sehr heilend. Das äußere Feuer fördert die Wärme im Nabel-Chakra, und das schenkt euch Freude. Gleichzeitig strömt Vajra Daka viel nektargleiche Energie aus, die Glückseligkeit schenkt.

Feuer ist etwas sehr Vergängliches, deshalb hilft es, die Weisheit der Nicht-Zweiheit zu verwirklichen. Die Feuer-Puja wird in allen tibetischen Traditionen gelehrt und vermittelt, und ich selbst habe damit sehr gute Erfahrungen gemacht, gerade auch mit westlichen Schülerinnen und Schülern. Ihr seid mein Labor, in dem ich die Lehren, das Buddha-Dharma, ausprobiere. Ich überprüfe gerne selbst, welche Übungen bei westlichen Menschen funktionieren, denn ich möchte nicht einfach bestimmte Übungen beiseite lassen. Ich erkläre Sie euch, und ihr erzählt mir hinterher, ob und wie sie funktionieren. Bei der Feuer-Puja waren die Rückmeldungen bislang gut, und darüber freue ich mich. Diese Praxis ist nicht kompliziert, probiert sie einfach aus.

Diese Meditation ist meines Erachtens gut für westliche Menschen geeignet, weil der westliche Geist wie der Wind ist, immer unterwegs und ständig beschäftigt. Dem plötzlich Einhalt zu gebieten und still zu werden ist sehr schwierig. Bei dieser Übung habt ihr etwas zu tun: Mantras rezitieren und ein wunderschönes Feuer unterhalten. Fehlt euch etwas, ist euer Nervensystem im Ungleichgewicht, fehlt eurem Körper etwas, fehlt eine Schwingung – ihr wißt genau, was euch fehlt –, so kehrt mit dieser Meditation die Energie, die Kraft zurück, und euer Nervensystem kommt wieder in Ordnung. Manche Menschen haben Probleme mit ihren Gefühlen. Sie empfinden und spüren nichts, ihr Körper fühlt sich wie tot an. Sie können keine körperliche Freude empfinden, und sie verstehen nicht, warum das so ist. Diese Übung ist ausgezeichnet geeignet, ihre Energie zurückzubringen, sie zu erneuern.

Das Buddha-Dharma enthält viel Weisheit und jede Menge Methoden. Alle können darin etwas für sich finden, es anwenden, sich zum Guten verändern und langsam wachsen. Ich kann zwar nicht versprechen, daß die buddhistischen Lehren den westlichen Menschen Erleuchtung bringen, aber Zufriedenheit schenken sie euch sicher.

Teil Zwei
Das Grundgefühl tantrischer Visualisierung

1 Einführung

Innen und Außen – Freude und Entsagung – Minderwertigkeitsgefühle und Buddha-Eigenschaften – Wer ist Tara? – Frauen und Männer – Körper und Geist

Den ersten Teil der Meditation über die Grüne Tara bilden die vorbereitenden Übungen. Mit ihrer Hilfe entwickeln wir die drei Prinzipien des Weges: Entsagung oder den Wunsch nach Befreiung,[1,2] Bodhicitta oder der Wunsch, Befreiung zum Wohle aller zu erreichen, und Einsicht in Shunyata oder Leerheit. Es braucht natürlich Zeit, diese drei Dinge vollständig zu verwirklichen. Für unsere Zwecke reicht allerdings ein vorläufiges Verständnis. Ein bißchen Mitgefühl und Sympathie für andere haben wir jetzt schon. Das genügt für den Augenblick. Wir besitzen auch ein gewisses Maß an Selbstbeherrschung; wir sind nicht vollständig im Kreislauf von Samsara gefangen. Andernfalls würdet ihr hier nicht stundenlang im Schneidersitz sitzen, da das für euch sehr ungewohnt ist. Ihr habt die drei Prinzipien des Weges bereits in einem gewissen Maß verwirklicht. Das genügt vorerst. Glaubt nicht, ihr hättet keine Entsagung und damit kein Recht hier zu sein. Immerhin sitzt ihr stundenlang hier drinnen, statt euch an Barcelonas schönen Stränden zu vergnügen. Das zeigt eure Entsagung.

Innen und Außen

Worum geht es, wenn wir von der Weisheit, die Leerheit versteht, sprechen? Nicht-Zweiheit versteht ihr zumindest intellektuell. Ihr ahnt, daß eure Sicht der Dinge aus Fantasien und Zuschreibungen besteht. Dieses vorläufige Verständnis von Shunyata genügt für den Augenblick. Anders ausgedrückt: Ihr seid nicht mehr davon überzeugt, daß ihr die Wirklichkeit mit euren Sinnen so wahrnehmt, wie sie wirklich ist. Ihr wißt bereits, daß ihr viele Dinge verkehrt wahrnehmt. Die Sutra-Lehren des Mahayana, auch Vollendungsfahrzeug oder Paramitayana[3] genannt, und das Tantra unterscheiden sich vor allem darin, welche Schwerpunkte sie setzen. Im Paramitayana gehen wir verwirrenden Situationen aus dem Weg. Gier und Haß vergrößern die Verwirrung, und so vermeiden wir sie so weit wie möglich. Im Tantra geht es nicht so sehr darum, solche Situationen zu vermeiden, sondern sie in einen Pfad zur Erleuchtung zu verwandeln.

Die meisten Menschen im Westen sind gerne dort, wo es schön ist, weil sie glauben, daß ein schöner Ort glücklich macht. Kommt ihr dann beispielsweise in ein Land der dritten Welt wie Afrika, seid ihr schockiert, und alles dort macht euch unglücklich. Wer so denkt, macht das Glück allein an der Außenwelt fest; das funktioniert aber nicht richtig. Selbst wenn unsere Wohnung schön und komfortabel ist und wir viele Dinge, gutes Essen, schöne Kleider und viele Sinnesfreuden genießen können, sind wir immer noch nicht glücklich. Häufig sind wohlhabende Menschen verwirrter als Menschen, die wenig besitzen. Der Schlüssel zum Glück liegt nämlich im Geist und nicht in der Außenwelt. Dazu möchte ich noch einmal auf das Reisen zurückkommen. Ihr Europäer macht gerne in fremden Ländern Urlaub. Ihr stellt euch vor: „Ich möchte an diesen wunderbaren Ort fahren; alle fahren dorthin, dann gefällt es mir dort bestimmt auch." Dann tut ihr das. Der erste Tag ist wunderschön. Der zweite vielleicht auch noch. Nach zwei oder drei Tagen geht alles schief. Ihr fangt an zu jammern, daß ihr bloß euer Geld rauswerft und darüber, daß euer Freund oder eure Freundin nicht nett zu euch sind.

Es ist nicht der Ort, der euch glücklich und zufrieden macht. Es ist die Klarheit des Geistes. Denken wir beispielsweise an Schweine. Ich kenne zwar die Lebensbedingungen der Schweine in Spanien nicht, aber Schweine fühlen sich in ihrem Stall wohl, auch wenn er schmutzig ist. Seid ihr innerlich zufrieden, glücklich und weise, wird die Außenwelt mit einem Schlag zum Paradies. Ist euer Geist hingegen verwirrt, unzufrieden und nur mit sich selbst beschäftigt, eingewickelt in eine dicke Decke der Ichbezogenheit, könnt ihr in einem Fünf-Sterne-Hotel wohnen und seid immer noch unzufrieden. Immer wieder höre ich, daß Menschen aus dem Fenster eines teuren Hotels in den Tod springen.

Freude und Entsagung

Das Problem liegt also in uns. Der Buddhismus und ganz besonders das Tantra sagen allerdings niemals, wir sollten uns keine Freude gönnen oder nicht glücklich sein. Freut euch bitte! Menschen sollten sich freuen und höchstes Glück erleben. Wir müssen nur herausfinden, wie wir dahin kommen. Den Weg gehen heißt, unser extremes Festhalten aufgeben. Viele meiner Freunde haben einfach alles. Sie setzen sich ans Telefon und bestellen dann noch dies und das. Das Problem ist nur, je angespannter wir sind, desto unzufriedener sind wir. Das ist meine Erfahrung als Mönch aus dem Himalaya. Ihr kennt solche Gegebenheiten sicherlich besser als ich.

Es ist also sehr wichtig, daß westliche Menschen lernen sich zu freuen, sich aber nicht durch ihre Freuden verwirren lassen. Unser Vergnügen wird häufig Ausgangspunkt für Leid. Darin liegt das Problem. Wir sind alle auf der Suche nach Befreiung und Frieden. Wie können wir diese Befreiung erreichen? Indem wir glücklich werden. „Glüüüücklich weeerden." Versteht ihr das? Von Glück zu Glück, das ist der Weg zur Befreiung. Von einer Freude zur nächsten gehen, von einem Glück zum nächsten. So einfach ist das. Aber was machen wir? Wir gehen vom Glück ins Leid, immer wieder vom Glück ins Leid. Das ist unser Problem. Unser Problem besteht nicht darin, daß uns nichts freut. Wir freuen uns und sind glücklich, doch wir können nicht dabei bleiben.

Viele westliche Menschen, die sich mit Buddhismus befassen, glauben, daß es dabei um Verzicht geht, um Entsagung. „Ich muß der Welt entsagen“, denkt ihr. Wenn ihr euch freut, fühlt ihr euch schuldig, schlecht und unmoralisch. Viele reiche Menschen können sich nicht mehr freuen. Sie stecken voller Schuldgefühle. Wenn sie in ein armes Land kommen, werden sie vielleicht von armen Menschen angebettelt. Dann sagen sie: „Tut mir leid. Ich kann Ihnen nichts geben.“ Hinterher fühlen sie sich schuldig – aber Schuldgefühle nützen nichts. Wenn euer Geist nicht bereit ist, dann gebt eben nichts. So einfach ist das. Und ansonsten solltet ihr euch so viel wie möglich freuen.

Minderwertigkeitsgefühle und Buddha-Eigenschaften

Tantra betont vor allem die Übung der Umwandlung.[4] Dabei stehen euch eure Minderwertigkeitsgefühle im Weg. Mit Gedanken wie: „Ich bin nicht gut genug, ich bin selbstsüchtig“, macht ihr euch schlecht und setzt euch herab. Diese Art Minderwertigkeitsgefühl entsteht aus Verwirrung und Unzufriedenheit. Ihr findet euch selbst einfach nicht gut. So funktioniert unser Denken leider. Wenn ich mich für streitsüchtig oder aggressiv halte, dann bin ich stets drauf und dran zu streiten oder mich zu ärgern, einfach weil ich überzeugt bin, daß ich so bin. Woher kommt das? Das ist die Folge von Vorurteilen. Solche negativen Selbstbilder müssen wir loswerden. Dem Tantra zufolge besitzen wir alle Buddha-Eigenschaften; im Westen könnte man vielleicht von göttlichen Eigenschaften sprechen. Im Kern sind wir Buddha oder Gott. Diese Buddha-Eigenschaften gibt es in uns allen. Das müssen wir unbedingt verstehen.

Ihr wißt alle, was geschieht, wenn wir unsere Achtung füreinander verlieren. Was läuft da ab? Untersucht das einmal genau! Wir denken, die andere Person habe sich verändert oder müsse sich ändern, jedenfalls sei sie nicht gut genug, also schuld an allem, und deshalb achten wir sie nicht mehr. Vom buddhistischen Standpunkt aus ist es genau andersherum: Unser Standpunkt, wir selbst haben uns verändert. Wenn ich die Achtung für andere verliere, dann darum, weil ich glaube, sie hätten sich verändert. Ich bin nicht mehr zufrieden mit meiner Freundin, und deshalb ist sie nicht mehr gut genug. Gestern hat sie mir noch Schokolade geschenkt, heute macht sie das nicht mehr, also mag ich sie nicht mehr.

Wer ist Tara?

Tara-Tantra üben heißt, Taras Eigenschaften in allen Menschen erkennen. Tara ist ein außerordentlich hochentwickeltes Wesen mit göttlichen Eigenschaften. Sie erscheint in weiblicher Gestalt, weil sie die einzigartige Kraft besitzt, Menschen zu schnellem Handeln anzuregen. Diese Eigenschaft betrachten wir im Osten als weiblich. Tara ist keine gewöhnliche Frau, sondern ein hochentwickeltes Wesen, das schnell handeln kann. Alle werden Tara, und das bedeutet, wir entwickeln die Fähigkeit zu schnellem göttlichem Handeln. Mit anderen Worten, mit den Tara-Eigenschaften überwinden wir unsere Faulheit und entwickeln viel Energie.

Die Überlieferung spricht davon, daß Tara die erste Frau war, die Bodhicitta übte und zur Vollendung brachte. Sie war die erste Frau, die die sechs Paramitas verwirklichte und die erste Frau, die vollständig erwachte. Auch wenn manche buddhistische Traditionen davon ausgehen, daß man für bestimmte Übungen einen männlichen Körper braucht, Tantra kann man von Anfang bis Ende als Frau oder als Mann üben. Der Name Tara bedeutet „Befreierin". Christen sprechen davon, daß Jesus alle Menschen von ihren Sünden erlöst. Die Legende aus dem alten Indien erzählt, daß Tara folgenden Entschluß gefaßt hatte: „Erst dann setze ich mich zum Morgenmahl nieder, wenn ich Millionen Wesen zur Befreiung geführt habe. Erst dann setze ich mich zum Mittagsmahl nieder, wenn ich Millionen Wesen zur Befreiung geführt habe. Erst dann setze ich mich zum Abendmahl nieder, wenn ich Millionen Wesen zur Befreiung geführt habe." Der Legende zufolge ist ihr das gelungen. Sie war eine Königstochter und hatte daher großen Einfluß und große Macht. Sie lehrte die Menschen und beschenkte sie mit vielen Gaben. Der Legende zufolge wurde sie sehr berühmt, und der Buddha jener Zeit gab ihr den Namen „Tara", die Befreierin, Tibetisch „Dölma" (drolma).

Wenn ihr euch die Weltgeschichte anschaut, sei es die spanische oder die indische, die amerikanische oder die Geschichte der alten Kulturen, werdet ihr feststellen, daß die Männer ihre Erfolge nie ohne die Frauen erlangten. Als der tibetische König Songtsen Gampo das Dharma nach Tibet brachte, ging er sehr klug vor. Er wußte, daß er die Lehren aus Nepal und China nach Tibet holen mußte. So suchte und fand er zwei wunderbare Frauen, eine aus Nepal und eine aus China. Er suchte sie nicht zu seinem Vergnügen. Sie besaßen die göttlichen Eigenschaften Taras, und durch sie brachte er das Dharma nach Tibet. In Tibet gibt es immer noch eine schöne Buddha-Statue aus dieser Zeit. Es war damals Brauch, daß der königliche Brautvater dem Bräutigam große Geschenke machte, der tibetische König aber hatte gesagt: „Das tibetische Volk braucht keine Schätze, wir haben Schätze genug. Doch wünschen wir uns diese Buddha-Statue."

Frauen und Männer

Will ein Mann sich vollständig entwickeln und im besten Sinne erfolgreich werden, braucht er unbedingt die Hilfe der Frauen. Das gilt nicht nur für Geschäfte. Die Geschichte des Dharma in Indien und Tibet erzählt uns, daß viele Mahasiddhas[5] Tara als persönliche Gottheit hatten und sich durch diese Übung spirituell weiterentwickelten. Ob wir als Frauen oder Männer Tantra üben, wir brauchen alle vom Anfang bis zum Ende des spirituellen Weges Taras Eigenschaften, weibliche Qualitäten.

Auf der weltlichen Ebene ist es genauso. Frauen sehen Dinge, die Männer nicht sehen, und Männer sehen Dinge, die Frauen nicht sehen. Davon bin ich fest überzeugt. Männer und Frauen haben ein Stück Welt gemeinsam, sie teilen die Welt der Sinne, doch leben sie auch jeweils in ihrer eigenen Welt. Das ist das Geheimnis. Untersucht das einmal genau. Buddhisten nennen das Karma. Frauen entwickeln sich auf eine ganz bestimmte Weise. Sie entwickeln eine körperliche Gestalt, bestimmte Gefühle und eine bestimmte Empfindungsfähigkeit, die wir Männer nicht besitzen. Das ist einfach nicht möglich. Manche Männer fühlen sich dadurch verunsichert und fragen: „Warum geht das denn nicht?" Es ist einfach so.

Auf einer relativen Ebene können wir nicht sagen, daß eine Rose und eine Tulpe gleich sind. Sie unterscheiden sich auf der relativen Ebene. Wir können auf der gedanklichen Ebene versuchen, sie gleich zu machen, aber es wird uns nicht gelingen. Auf der absoluten Ebene unterscheiden sie sich natürlich nicht. Die Eigenschaften von Mann und Frau und Buddha sind auf der absoluten Ebene identisch. Das gilt aber nur dann, wenn wir die absolute Ebene erreichen. Dort wirkt sich die relative Ebene nicht mehr aus. Da wir aber mit einem dualistischen Ich leben, gibt es Unterschiede.

Lehnt ein Mann weibliche Eigenschaften ab, lehnt er das Leben ab. Davon bin ich überzeugt. Wenn wir uns die Haltung der Männer gegenüber Männern und gegenüber Frauen heutzutage in der Welt anschauen, sehen wir, daß Männer weibliche Eigenschaften häufig herabsetzen. Das ist überall so. Man nennt Frauen das schwache Geschlecht, nicht wahr. Wie ist das mit den Männern? Männer sind auch schwach – sie haben auch ein Ichgefühl und halten sich für dies und das. Vom Standpunkt des Tantra sind das alles falsche Vorstellungen. Es ist natürlich so: Auf der relativen Ebene haben sowohl Männer als auch Frauen ein Ich, und beide sind manchmal schwach. Unsere Aufgabe besteht dem Tantra zufolge darin, die Eigenschaften von Frauen weder abzulehnen noch herabzusetzen. Das ist keine philosophische Aussage, sondern etwas sehr Bodenständiges: Völlig zufrieden werden wir nur durch weibliche Energie.

Kurz: Wir alle, Männer wie Frauen, besitzen die göttliche Eigenschaft des schnellen Handelns. Wir tragen diese Möglichkeit, die Anlage dazu in uns. Und diese Möglichkeit nennen wir Tara. Diese Eigenschaft können wir mit Tara gleichsetzen. Wir visualisieren uns selbst also als Tara; wir werden zu Tara. Das ist für den westlichen Geist schwer zu verstehen.

Körper und Geist

Kurz gesagt besitzen wir alle einen stofflichen Körper und einen Bewußtseinskörper oder einen geistigen Körper. Wir können unseren Bewußtseinskörper als grünen Lichtkörper visualisieren. Das ist sehr wichtig für den westlichen Geist. Der westliche Geist versucht, rational oder wissenschaftlich zu denken. Aber Geist oder Bewußtsein gehört auch zum Menschen, auch wenn man ihn nicht sehen kann. Versteht ihr, was ich damit sagen will? Ihr glaubt alle, daß ihr ein Herz habt. Vielleicht sagt ihr manchmal: „Ich habe kein Herz", und ihr lebt trotzdem weiter. Ob ihr es glaubt oder nicht, euer Herz funktioniert. Könnt ihr euer Herz mit den Augen sehen? Wer von euch hat sein Herz schon einmal gesehen? Ihr könnt euer Herz zwar nicht mit den Augen sehen, doch ihr wißt, daß es Teil von euch ist, zum Leben gehört. Ihr leugnet es nicht.

Genauso ist unser Bewußtsein, unser Geist, unsere Geistigkeit Teil des Lebens. Unser Bewußtsein kann sich auf unterschiedliche Weise manifestieren. Jetzt im Augenblick sitzt ihr hier und manifestiert euch auf eine bestimmte Weise, und ich sehe euch so. Ich sehe euch jetzt nicht als zornig. Versteht ihr?

Was ich von euch sehen kann, hat mit eurem Geist zu tun. Euer Geist drückt sich körperlich aus, ob nun friedlich oder zornig. Dieser Ausdruck hat mit eurem Geist zu tun.

2 *Tara hat viele Gesichter*

Weisheit und Integration – Der eigene Weg – Wünsche – Tara und Maria – Der grüne Lichtkörper – Einschlafen und Aufwachen – Waschen und Essen – Mantras – Die tägliche Übung

Weisheit und Integration

Es geht vor allem darum, soweit wie möglich Ordnung in unserem Leben zu schaffen, deshalb üben wir uns in der Weisheit von Mutter Tara. Sie ist die Quelle unseres Glücks. Die buddhistischen Schriften sprechen davon, daß alle hohen Wesen, alle Buddhas und Bodhisattvas der Vergangenheit, der Gegenwart und der Zukunft aus Taras Weisheit geboren werden. Daher wird Tara „Mutter aller Buddhas" genannt, so wie wir die Frau Mutter nennen, die uns geboren hat. Der Weisheit, der weiblichen Weisheitsenergie verdanken wir unser inneres Wachstum. Ohne Taras Weisheit würde ich, ein tibetischer Mönch aus dem Himalaya, auch nicht hier in Spanien sitzen.

Tara ist die Weisheit, die die Wirklichkeit berührt. Sie erscheint in vielen Farben und Gestalten als friedliche und als zornige Gottheit, um den Lebewesen beizustehen, die einst unsere Mütter waren. Der indische Heilige Nagarjuna lebte der Überlieferung zufolge dank der Weisheit der göttlichen Mutter Tara über fünfhundert Jahre. Einer meiner Lehrer wurde über hundert Jahre alt, wie fast alle Mitglieder seiner Familie. Die Tibeter betrachten ihn als eine Verkörperung der Weißen Tara, der Göttin der Heilkunst und des langen Lebens.

Ich selbst lebe wahrscheinlich nur deshalb noch, weil ich an die Kraft von Mutter Tara glaube. Vor einiger Zeit zog ich mich für einen Monat zur Tara-Meditation zurück, in Dharamsala in Nordindien. Vor der Meditationsklausur fühlte ich mich körperlich sehr müde und schwer. Nach Abschluß der Feuer-Puja hatte ich das Gefühl, alle Last sei von mir genommen. Ich fühlte mich körperlich sehr viel leichter und wohler. In unserem Kloster in Kopan in Nepal steht eine Tara-Statue. Seit wir dort viel Tara-Praxis machen, läuft in Kopan alles wie am Schnürchen. Das sind meine eigenen Beobachtungen. Selbst wenn westliche Schülerinnen und Schüler an dieser Statue vorbeigehen, verbeugen sie sich häufig ganz spontan.

Tara hilft uns bei der Integration unserer Energie. Oft fehlt uns etwas in unserem normalen Alltag, ohne daß wir sagen könnten, was es ist. Wir finden das esoterisch, geheimnisvoll. Wir denken vielleicht: „Ich habe einen netten Ehemann und genügend Geld, und doch ist etwas nicht in Ordnung." Oder: „Mein Geschäft läuft gut, ich verdiene genügend Geld, und doch stecke ich immer wieder in Schwierigkeiten. Am Ende stehe ich mit leeren Händen da, ich verstehe das nicht." Taras Weisheit klärt diese Probleme. Leben ist nichts Intellektuelles, es ist ein Geheimnis. Es ist Tantra. Wir können nicht nur aus dem Verstand heraus leben. Das Glück läßt sich nicht im Kopf ausdenken. Leben ist immer neu. Wenn ihr das versteht, wird euer Leben vollständig, heil.

Der eigene Weg

Der tibetische Meister und Gründer der Gelug-Schule Lama Tsongkhapa verstand das ganz genau. Sein Leben war – auf seine Art – wunderbar und tief, und das seiner Schüler ebenso: Sie machten ihre eigenen Erfahrungen. Ihr wißt wahrscheinlich, daß C.G.Jung anfangs ein Schüler Sigmund Freuds war.

Er lernte sehr viel von seinem Lehrer, aber nach einiger Zeit stellte er fest, daß er nicht werden konnte wie Freud, weil er anders dachte. Die beiden halfen ihren Patienten auf verschiedene Art und Weise. Wenn tibetische Mönche die Lehren des Buddha in den Westen bringen, ist es ähnlich: Sie lehren anhand ihrer eigenen Erfahrungen, und ihr versteht sie entsprechend euren Erfahrungen. Das ist in Ordnung. Unterschiede sind in Ordnung. Wir unterscheiden uns, aber an einem bestimmten Punkt erleben wir trotzdem Ganzheit und Einheit.

Wünsche

Wir müssen unsere Erfahrungen zu einem Ganzen integrieren. Unser Leben ist wie eine Maschine; greifen alle Rädchen richtig ineinander, läuft alles wie am Schnürchen. Fällt eines aus, bricht alles zusammen. Taras Weisheit ist wie ein Magnet, der die verschiedenen Teile anzieht und zusammenbringt. Wir haben alle recht beschränkte Ansichten. Lernen wir im Urlaub oder bei Freunden eine bestimmte Lebensform kennen und finden sie wunderbar, wollen wir plötzlich auch so leben, sehen aber nicht das Ganze. Diese Ganzheit bringt uns Mutter Tara. Vielleicht sehen dann Männer ihr Leben plötzlich als Ganzes und kommen in der Küche genauso gut zurecht wie im Schlafzimmer.

Mit Taras Weisheit erfüllen sich all eure Wünsche. Im Tara-Sutra heißt es: „Wenn du dir ein Kind wünschst, so wirst du ein Kind bekommen, und wünschst du dir Reichtum, so wirst du reich werden." In Tibet haben viele Menschen Tara-Rituale durchgeführt, um reich zu werden und haben das auch geschafft. Viele tibetische Frauen, die sich Söhne, Töchter oder Ehemänner wünschten, haben zu diesem Zweck Tara-Puja gemacht. Sie bekamen, was sie wollten. Viele Männer haben das gleiche erlebt. Tibeter wissen, wie das funktioniert. Vielleicht war ihre Einstellung nicht immer in Ordnung, aber die Praxis war trotzdem erfolgreich.

Mit einer guten Einstellung ist diese Praxis immer sinnvoll. Einmal erzählte mir eine Italienerin, sie wolle unbedingt einen bestimmten Mann heiraten, aber es gab Probleme. Ich empfahl ihr, Licht aus ihrem Herzen auszusenden und mit einem Haken aus Licht sein Herz zu berühren. Das machte sie. Als ich ein Jahr später wieder nach Italien kam, besuchte sie mich mit ihrer Familie und diesem Mann, mit dem sie inzwischen verheiratet war. Das war durch die Kraft und Weisheit Taras geschehen; es war nicht mein Verdienst.

Tara und Maria

Wenn ich im Westen bin, besuche ich gerne Kirchen, vor allem in Italien und Spanien. Überall gibt es Statuen von Mutter Maria mit dem kleinen Jesuskind. Vor dem Marienaltar sind immer viele Menschen. Sie zünden Kerzen an und beten. Ich setze mich immer dazu und meditiere ein wenig. Dabei fühle ich mich sehr wohl und die anderen Menschen auch. Für mich ist die Energie von Tara und Maria die gleiche. Alle Menschen besitzen Tara-Energie, und bei Frauen ist sie besonders intensiv. Es gibt 21 Verkörperungen von Tara. Sie stellen die Energien dar, die uns bei der Lösung von Problemen helfen. Statt uns bei Problemen in Selbstmitleid zu suhlen, können wir Übungen wie den Lobpreis an die 21 Taras durchführen.

Der grüne Lichtkörper

Bei der Tara-Praxis visualisieren wir uns als Grüne Tara. Manchen fällt es sehr schwer, sich bzw. ihr Bewußtsein vollständig in Tara zu verwandeln. Ist das so, schlage ich euch vor, stattdessen grünes Licht zu visualisieren. Stellt euch vor, in eurem Körper befindet sich ein grüner Lichtkörper, klar und rein wie ein Regenbogen. Diese Übung ist sehr wichtig. Wir identifizieren uns normalerweise völlig mit unserem Alltags-Ich und halten sehr wenig von uns: „Ich bin nichts wert. Ich bin bedauernswert. Ich tauge nichts." Solche Gedanken schränken unsere Möglichkeiten ein. Wenn wir uns in einen grünen Lichtkörper verwandeln, geben wir der positiven Energie Raum und Zeit, sich zu vermehren, wir entwickeln Mitgefühl, Liebe und Weisheit. Dadurch werden diese negativen Vorstellungen abgebaut. In Meditationskursen zur Grünen Tara üben wir den ganzen Tag, bei allen Verrichtungen, uns als grünen Lichtkörper zu sehen. Diese Übung wirkt sehr nachhaltig.

Einschlafen und Aufwachen

Die Paramitayana-Lehren empfehlen, so wenig wie möglich zu schlafen, weil sie Schlafen für nicht besonders nützlich halten. Den tantrischen Lehren zufolge kann der Schlaf ein Weg zur Erleuchtung werden, falls man mit einem ruhigen und klaren Geist schläft.

Beim Schlafengehen habt ihr zwei Visualisierungen zur Auswahl. Die erste geht so: Visualisiert euch als Tara. In eurem Herzen befindet sich die Keimsilbe TAM. Euer grüner Lichtkörper sinkt in die Keimsilbe TAM im Herzen. Sie wird immer kleiner, sie löst sich von unten nach oben auf und verschwindet. Ihr sinkt in Leerheit, in Shunyata.

Der buddhistischen Psychologie zufolge sind Tag und Nacht gleich wirklich. Viele glauben, der Tag sei wirklich, und die Nacht sei ein Traum. Das stimmt aber nicht. Vom karmischen Gesichtspunkt sind beide wirklich. Wer Träume für unwirklich hält, sollte auch den Tag für unwirklich halten.

Alle Situationen, in denen wir normalerweise verwirrt reagieren, können wir mit tantrischer Weisheit in Achtsamkeit und damit in einen Weg zur Erleuchtung verwandeln. Darin liegen Kraft und Schönheit des Tantra. Wenn wir also den Schlaf mit einer Meditation über Leerheit verbinden, wird unser Schlaf zu Weisheit. Ob Schlaf heilsam oder unheilsam ist, hängt immer davon ab, wie wir schlafen. Von außen kann man das nicht sehen.

Die zweite Einschlaf-Variante ist die: Wir schlafen in Gestalt einer grün leuchtenden Tara; unsere Unterlage ist eine Lotosblüte, unser Kissen der Mond. Niemand kann uns aus der Ruhe bringen, denn auf diesem Mondbett sind wir ganz allein. Als Tara machen wir wunderschöne beseligende Erfahrungen. Auf diese Weise sind wir auch alleine glücklich und zufrieden.

Wie es zwei Arten des Einschlafens gibt, gibt es auch zwei Arten des Aufstehens. Wenn ihr als Tara eingeschlafen seid, dann visualisiert, daß ihr bis zum Aufwachen im Herzen Taras Mantra rezitiert, OM TARE TUTTARE TURE SOHA. Beim Aufwachen gibt es meist irgendetwas zu hören, vielleicht singt ein Vogel, vielleicht macht jemand Lärm. Diese Laute könnt ihr als Mantra-Klang hören. Habt ihr in der Shunyata-Erfahrung geschlafen, werdet ihr beim Aufwachen plötzlich zu Tara.

Waschen und Essen

Beim Waschen oder Duschen könnt ihr das Mantra weiterrezitieren und euch als Tara diese Reinigung darbringen. Wir können das Duschwasser als starkes Licht visualisieren, das all unsere unsinnigen Gedanken über unser eigenes Ungenügen wegwäscht. In Indien gehen die Menschen an den heiligen Fluß Ganges und waschen sich dort den inneren Schmutz weg, obwohl das Wasser selbst das gar nicht vermag. Aber das ist unerheblich, wenn man das Wasser mit einem bestimmten Verständnis benutzt.

Nun folgt eine Übung fürs Essen: Segnet beim Essen und Trinken alles dreimal mit dem Mantra OM AH HUM. Dadurch „verwandelt" ihr das Essen in köstlichen Nektar. Ihr könnt euch den Vorgang der Umwandlung folgendermaßen vorstellen: Die drei Mantra-Silben befinden sich vor euch im Raum, über dem Essen, ganz oben das weiße OM, darunter das rote AH und unten das blaue HUM. Bei der ersten Rezitation ruft ihr die Buddhas aller Zeiten und Räume herbei. Bei der zweiten Rezitation sinkt die befreite Energie von Körper, Rede und Geist aller Erwachten in die drei Mantra-Silben. Bei der dritten Rezitation sinken die Silben in das Essen. Dabei lösen sich alle dualistischen Vorstellungen über die Person, die ißt, das Essen und den Vorgang des Essens auf, und ihr entdeckt die nektargleiche Qualität des Essen. So funktioniert die Umwandlung gewöhnlicher Nahrung in Nektar.[6]

Jedesmal wenn ihr auf diese Weise achtsam eßt oder trinkt, entsteht Glückseligkeit in euch. Mit diesem Verständnis könnt ihr so viel essen wie ihr wollt, denn so wird Essen eine positive Handlung. Ihr könnt euch beim Essen den Lama vorstellen, der euch den Pfad zur Erleuchtung weist und ihm Licht und Speisen darbringen. Ihr könnt euer Essen auch den 21 Taras in eurem Herzen darbringen oder eurer Schutzgottheit. All diese Übungen helfen euch, blockierte Energien im Herzen aufzulösen.[7]

Mit Achtsamkeit könnt ihr in allen Lebewesen Taras göttliche Energie erkennen, eure Umgebung als Taras Mandala, als einen Ausdruck transzendenter Glückseligkeit und alle Töne als Taras Mantra hören. Auf diese Weise wird alles, was euch begegnet, zu einer transzendenten Erfahrung. So üben wir außerhalb der formellen Meditationssitzungen. Während der Sitzungen rezitieren wir das Mantra und meditieren über Tara.

Mantras

Taras Mantra kann eure Rede verwandeln. Es gleicht einem Feuer, das alle negativen Gedanken verbrennt. Mantras sind wie Kernenergie. Wenn ihr so konzentriert wie möglich rezitiert und die Mantras dabei zählt, wird euer Geist scharf und kraftvoll. Der Nutzen der Mantra-Rezitation sprengt alle Begriffe. Mantras wirken Wunder. Wenn ihr das Mantra rezitiert, könnt ihr ganz unerwartete Erfahrungen machen. Mantras wecken telepathische Kräfte, plötzlich könnt ihr die Gedanken anderer Menschen lesen. Mantras können heilen, von negativen Energien sowieso, aber auch von körperliche Schmerzen.

Mit dreizehn oder vierzehn Jahren, hatte ich einmal starke Zahnschmerzen. Meine Backe schwoll an, und mein Onkel ließ einen alten Geshe rufen. Dieser alte Mönch war sehr ungepflegt, und ich fand ihn ziemlich unappetitlich. Dieser Geshe rezitierte ein Mantra für mich. Dann blies er auf die schmerzende Stelle, streute etwas Salz auf die Wange, berührte mich am Scheitel und blies mir über den Kopf. Schließlich schlug er einen großen Nagel in die Tür und hängte ein Stück Papier mit einem Mantra daran. Mich ekelte vor dem schmutzigen Mönch, doch meine Zahnschmerzen verschwanden. Damals war ich noch ein Kind. Ich glaubte zwar nicht daran, aber es funktionierte. In Tibet wurden viele körperliche und geistige Krankheiten mit Mantras und Mantra-Wasser geheilt. Das geht so: Jemand rezitiert Mantras und bläst anschließend auf ein Glas Wasser. Der Patient trinkt es schlückchenweise und wird gesund. Mein Geist arbeitet ähnlich wie eurer: Ich glaube nicht so leicht etwas. Wenn man aber selbst entsprechende Erfahrungen macht, versteht man eher.

Die tägliche Übung

Das war jetzt eine allgemeine Einführung. Für eine Phase intensiver Übung empfehle ich euch eine tägliche Tara-Praxis mit Mantra-Rezitation. Die Praxis beginnt mit der Zuflucht zu Buddha, Dharma und Sangha. Dann visualisiert ihr die 21 Taras vor euch im Raum. Ihr stellt euch einfach vor, daß sie da sind, ihr braucht sie nicht wirklich zu sehen. Das ist alles. Bei der Mantra-Rezitation geht ihr so vor: Ihr werdet zu Tara, und von eurem Tara-Herzen geht Licht aus in alle zehn Richtungen. Es reinigt die ganze Umgebung und alle Lebewesen von ihrem Leiden, auch die Menschen, die ihr liebt oder haßt. Sie werden alle zu Tara und sinken in euer Herz. Manchmal könnt ihr auch einfach in Achtsamkeit ruhen.

3 Freude und Nicht-Zweiheit

Zuschreibungen und Nicht-Zweiheit – Hippies – Emotionen und reine Energie – Nicht-Zweiheit und Glückseligkeit – Relative und absolute Ebene – Den Alltag verwandeln

Zuschreibungen und Nicht-Zweiheit

Dem Tantra zufolge ist alles, was ihr seht und für wirklich haltet, eine Zuschreibung. Was ihr denken könnt, existiert; was ihr nicht denken könnt, existiert nicht. Bei der Tara-Praxis betrachten wir jedes sichtbare Lebewesen als Tara, als Göttliche Mutter der Weisheit, jedes Geräusch, selbst Flugzeuglärm, als ihr Mantra und alle aufkommenden negativen wie positiven Gedanken als ihre göttliche Weisheit. Dann entwickelt ihr jedes Mal die Weisheit der Nicht-Zweiheit, statt euch ständig mit euren Gedanken zu unterhalten und dualistische Geschichten zu erzählen. Auf diese Weise verwandelt ihr selbst negative Gedanken.

Wenn ihr beim Anblick eures oder eurer Liebsten an die göttliche Weisheit von Taras Gestalt denkt, an die göttliche Weisheit von Taras Rede – das Mantra – und an die göttliche Weisheit von Taras Herz – an Nicht-Zweiheit –, gibt es kein Problem, da keine Verblendungen entstehen. Erkennen wir das Wesen negativer Gedanken wie Begierde oder Haß, als klar und rein, ändert sich alles. Das Herz mag uns brechen, doch wissen wir gleichzeitig, alles ist rein und klar.

Es kommt also darauf an, wie wir die Dinge betrachten. Spüren wir Haß oder Begierde, halten wir das für eine Riesensache. Begierde scheint aus sich heraus zu existieren. Jetzt betrachten wir die Sache einmal anders. Stellt euch den Geist als ein großes Meer vor. Plötzlich kommt ein heftiger Wind auf, und die Wellen gehen hoch. Diese Wellen sind immer noch das Meer. Wir nennen die eine Welle Begierde, weil sie schlimme Folgen hat. Spüren wir große Begierde und großen Haß, dann erleben wir sie als riesige Welle, meterhoch und unüberwindlich. Doch das sind einfach Vorstellungen. Begierde und Haß gehören zum Leben, und weil es sie gibt, gibt es auch Dharma. Ohne Begierde und Haß braucht man auch keine Beziehungen, keine Lösungen und keine Erleuchtung. Wir können jedoch die Natur von Begierde und Haß erkennen; das ist dann nicht-dualistische Weisheit, allgegenwärtige Weisheit.

Hippies

Manche meinen, Hippies können kein Dharma üben. Ich meine, wer sein weltliches Leben in vollen Zügen genossen hat, übt auch das Dharma mit ganzem Herzen. Die Hippies der sechziger und siebziger Jahre haben alles ausprobiert und vieles ausgekostet. Sie haben sich in der Politik versucht, mit dem Kommunismus geliebäugelt, mit Drogen, mit allen nur denkbaren Dingen. Irgendwann haben einige von ihnen das Dharma entdeckt und sind sehr gute Menschen geworden. Einige meiner Schülerinnen und Schüler haben früher recht extrem gelebt, weil sie so viel Energie haben. Wenn sie sich dem Dharma zuwenden, können sie diese Energie sinnvoll nutzen. Die Übung der Menschen, die immer ganz unauffällig sind, ist oft genauso lau wie ihr ganzes Leben. Das scheint mir sehr einleuchtend. Man darf nicht voreilig urteilen. Scheinbar schlechte Leute können sich ganz zum Guten wandeln.

Emotionen und reine Energie

Wann immer ihr gierig, wütend oder egoistisch seid, dann betrachtet euch selbst und nicht die anderen. Untersucht das Subjekt, das Ich, den Geist, der denkt, der egoistisch ist, der etwas will oder sich ärgert. Dieser Geist ist im Grunde rein und klar wie das Meer. Auch eine große Welle ist im Kern Nicht-Zweiheit und Glückseligkeit. Die buddhistische Philosophie argumentiert so: Das Wesen oder die Natur des Geistes ist grundlegend rein und klar, wie ein Kristall. Das könnt ihr erkennen, wenn ihr folgendermaßen übt: Was auch immer geschieht, erkennt es und laßt los. Reagiert nicht mit Vorstellungen darauf. Denkt ihr aber ständig: „Das ist aus diesem und jenem Grund so", wird das zum Problem. Wir können negative Gedanken auf zweierlei Art zum Stillstand bringen. Die erste ist: Bevor der negative Geist entsteht, bevor die Welle der Begierde kommt, bevor die Schwingung beginnt, schickt ihr Licht aus. Für die zweite Art braucht ihr ein sehr gutes Empfindungsvermögen. Bevor sich der Ärger emporschwingt, haltet ihn an. Reagiert einfach nicht.

Der Ärger, der aufsteigt, ist wie jede andere Emotion einfach Energie. Sobald Ärger oder Verlangen aufsteigen oder stärker werden, lassen wir das grüne Licht einfach explodieren. Stellt euch euren Körper als Vulkan vor, der einfach in Licht explodiert, wenn Verlangen oder Ärger aufsteigen. Vielleicht fragt ihr euch, was dieses grüne Licht eigentlich ist? Wie ihr wißt, produziert die Sonne eine Art Gas. Was ihr visualisiert, ist ganz ähnlich wie Sonnenlicht, nur grün. Ihr seid sozusagen ein Feuer aus grünem Licht.

Immer wenn ihr etwas seht, macht euch klar, es ist rein und von glückseliger Natur. Alle Erscheinungen werden so zu Glückseligkeits-Energie, zu nicht-dualistischer Energie, zu Energie, die nicht aus sich heraus existiert. Mit dieser Übung sehen wir alle Dinge wie Zauberwerk. Ein Zauberer kann alle möglichen Dinge, die es gar nicht gibt, erscheinen lassen. Dinge erscheinen, doch sie sind in Wirklichkeit nicht-dualistisch.

Erkennt ihr das, vertieft sich euer Verständnis von Shunyata bei jeder Wahrnehmung. Nicht-Zweiheit zu erkennen, ist das Allerwichtigste. Bei gewöhnlicher Freude werden wir unbewußt. Mit negativer Weisheit sehen wir die Dinge nie so, wie sie sind, sondern fantasieren uns etwas zusammen. An Freude selbst gibt es nichts auszusetzen. Schwierig wird es nur, wenn der Geist verwirrt und egoistisch wird, wenn er sich an alltäglichen Dingen freut.

Wir lassen die Wirklichkeit nicht wie sie ist und deshalb können wir sie auch nicht erkennen. Der Grund dafür ist unsere innere Rast- und Ruhelosigkeit. Wir sind nicht unbedingt körperlich unruhig und rastlos, aber sobald wir uns freuen, verlieren wir unsere Achtsamkeit und unsere Weisheit. Das ist das Problem. Wir sollten uns immer wieder klarmachen: Die tiefste Ebene des Buddha und die tiefste Ebene von Verlangen und Ärger sind gleich. Das müssen wir erkennen. Wir wissen alle, daß all unsere Probleme, die Probleme des Daseinskreislaufs, vom dualistischen Geist geschaffen werden. Wir denken immer dies und das und trennen so ständig alle Dinge. Der Daseinskreislauf und die Befreiung existieren im Raum der Nicht-Zweiheit. Sie existieren nicht aus sich selbst heraus. Sie existieren von Natur aus in Nicht-Zweiheit. Sie sind kein Produkt der Philosophie.

Nicht-Zweiheit und Glückseligkeit

Alle Erscheinungen sind im Grunde nicht-dualistisch, und ihre Natur ist Glückseligkeit. Das gilt es zu erkennen. Wir alle sind ständig mit Urteilen und Bewertungen beschäftigt: „Das mag ich, und dies mag ich nicht. Dieses Ding mag ich und das nicht. Das ist schön, und das ist häßlich." Unser ganzes Leben lang beschäftigen wir uns unentwegt mit solchen Dingen. Wir kennen keinen Gleichmut. Schaut euch eine verwelkte Blume an. Manche Menschen finden sie nicht schön. Ich möchte aber behaupten: Wer die wahre Schönheit dieser Blume nicht erkennt, hat ein Problem mit seinem verrückten Geist, gleichgültig, ob er oder sie ein Buddha, ein Bodhisattva oder ein Spanier ist. Schönheit gibt es überall: Menschen sind schön, Blumen, einfach alles.

Ich möchte noch ein Beispiel anführen, auch wenn ihr vielleicht böse auf mich werdet. Viele Frauen dieser Welt nehmen die Schönheit anderer Frauen kaum wahr. Sie interessieren sich vor allem für gutaussehende Männer. Frauen sind nicht so gerne mit Frauen zusammen, und Männer nicht mit Männern. Männer aber finden Frauen eigentlich immer schön. Das kann man mit dem Verstand nicht begreifen, nur durch Erfahrung. Es ist vermutlich eine instinktive Reaktion. Auch jeder Ort hat seine eigene Schönheit. Das wißt ihr alle. Viele Europäer finden die afrikanischen Wüsten sehr schön. Deshalb reisen die Weißen nach Afrika. Früher fanden alle die Wüste schrecklich, heute wollen alle dorthin reisen. Sie mögen sie mehr als die grünen Gebiete, obwohl es dort weder Wasser noch sonst etwas gibt. So ändert sich alles.

Tantrisch Übende erkennen die glückselige Natur aller Erscheinungen als Einheit von Glückseligkeit und Nicht-Selbstexistenz, als von Natur aus nicht-dualistisch. Ein Teil eurer Natur ist meine Natur. Genauso verhält es sich mit diesem Berg und allen Dingen. Menschen, Berge, Orchideen und Fische haben eine gemeinsame Wirklichkeit, nämlich Leerheit oder Shunyata. Weil alle Dinge gleichermaßen leer sind, nennt man Leerheit oder Shunyata auch ihre absolute Natur. Mit dieser Weisheit kann keine Negativität entstehen. Alles, was ihr seht, erkennt ihr als glückselig, als glückselige Energie. Dann weckt jede Wahrnehmung Freude und gleichzeitig die Weisheit der Nicht-Zweiheit.

Normalerweise geht ihr gerne ins Kino oder ins Theater. Das ist gut so. Manchmal genießt ihr es, und manchmal findet ihr das moderne Leben, die großen Städte und die heutige Kultur schrecklich. Was auch immer ihr tut, setzt dabei eure Weisheit ein. Klagt nicht über Barcelona und seine schlechten Schwingungen. Glaubt nicht, ihr allein seid gut. Barcelona ist nicht notwendigerweise schrecklich. Ihr macht euch viele Sorgen über den Zustand der Welt. Was das Leben in der Welt angeht, so gab es seit anfangloser Zeit immer schon Katastrophen. Es wurde immer schon getötet, und es floß immer schon Blut. Das ist nichts Neues. Darüber braucht ihr euch nicht aufzuregen. Es kommt darauf an, was ihr aus euren Erfahrungen macht.

Relative und absolute Ebene

Meines Erachtens können westliche Menschen den tantrischen Ansatz sehr gut gebrauchen und diesen Weg auch gehen. Mit tantrischem Verständnis weckt ihr mit jeder Erfahrung Glückseligkeit und Weisheit und könnt so ziemlich alles tun. Ihr dürft allerdings spontanes Handeln aus innerer Weisheit nicht mit euren eingefahrenen Reaktionen verwechseln, die aus Unzufriedenheit entstehen. Vom Standpunkt des Sutra gelten bestimmte Handlungen als unrein, und die tiefgründige Weisheit des Tantra verwandelt sie in reine Handlungen. Es gibt nichts absolut Negatives, denn absolut gesehen ist alles rein. Es gibt allerdings auch die relative Ebene.

Dazu möchte ich euch eine Geschichte erzählen. Zwei Mönche wollten einmal einen Fluß überqueren. Am Ufer saß eine alte leprakranke Frau und bat die beiden, ihr behilflich zu sein. Einer der beiden Mönche hatte Angst, sich bei ihr anzustecken. Er dachte in erster Linie an sein eigenes Leben. Der zweite Mönch half ihr bereitwillig. Später tadelte ihn der erste Mönch mit der Begründung, die Mönchsgelübde untersagten es Mönchen, Frauen zu berühren. Sie begannen zu streiten, und nach ihrer Heimkehr beschlossen sie, ihren Meister um Rat zu bitten. Der Meister sagte: „Nur der Mönch bricht seine Gelübde, der an Frauen denkt.“ Er meinte damit: Nur ein Mönch, der unheilsame Gedanken an Frauen hegt, bricht seine Gelübde. Der zweite Mönch sagte zum Meister: „Ich habe sie einfach über den Fluß getragen und dort abgesetzt. Sie war häßlich, und so hat mich das nicht in Unruhe versetzt.“[8]

Wenn wir mit der Welt zu tun haben, haben wir oft nicht die Kraft, Nicht-Zweiheit zu sehen. Es ist zwar normal, die Welt dualistisch wahrzunehmen, wir können aber den festen Entschluß fassen, die Welt als Illusion zu sehen, und hinter den dualistischen Erscheinungen die nicht-dualistische Natur der Wirklichkeit zu erkennen. Erkennt das und faßt den Entschluß, eure Weisheit auch anzuwenden. Das können wir, und das sollten wir auch tun.

Singende Vögel kümmern uns meist nicht sehr, es entstehen weder besonders negative noch besonders positive Gefühle. Manchmal hören wir ihnen aber auch gerne zu. Wenn wir ihren Gesang als Mantra hören, wird unser Hören zu einem Weg zur Erleuchtung.

Den Alltag verwandeln

Auch Träume sind wichtig. Normalerweise vergessen wir sie, wir sollten sie aber verstehen. Warum machen wir nur langsam Fortschritte auf dem Weg zur Erleuchtung? Weil wir ungefähr ein Drittel des Lebens völlig unbewußt verschlafen. Beim Essen sind wir auch meist unbewußt, und nur mit einem kleinen Teil unseres Ich üben wir bewußt Dharma. Im Tantra können wir jede Bewegung in Gewahrsein, in Achtsamkeit, in Weisheit verwandeln. Da Träume für unsere Achtsamkeit sehr wichtig sind, könnt ihr Tara vor dem Einschlafen bitten, sie möge euch dazu inspirieren, Achtsamkeit für eure Träume zu entwickeln und sie als Träume zu erkennen. Danach könnt ihr euren Kopf in Taras Schoß legen und schlafen. Ich sage nicht, daß ihr immer so schlafen sollt. So aber schlaft ihr bewußter.

4 Die Übung

Zuflucht – Bodhicitta: Verantwortung übernehmen – Bodhicitta schafft Raum – Die 21 Taras – Leerheit – Wer bin ich? – Bloße Benennungen – Gewahrsein befreit – Das angeborene Ich – Ferien vom Ich: Die Shunyata-Pause

Zuflucht

Bislang ging es um die Übungen zwischen den formellen Meditationssitzungen. Jetzt kommen wir zur Sadhana selbst. Am Anfang steht die Zuflucht. Dabei könnt ihr euren Lama als Tara, umgeben von ihren 21 Manifestationen, visualisieren. Rechts von euch stellt ihr euch den Vater vor, links die Mutter, vor euch die Menschen, die euch irritieren und hinter euch Verwandte und gute Freunde. Ihr seid umgeben von allen Lebewesen im Weltall, und ihr leitet sie an bei der Zufluchtnahme. Ihr seid voller Gleichmut und Mitgefühl für alle Lebewesen und von dem tiefen Wunsch erfüllt, euch vollständig zu entwickeln und ganz zu werden, völlig wach zu werden.

Von den 21 Taras vor euch im Raum geht strahlend weißes, rotes und blaues Licht aus und sinkt in euch. Das weiße Licht tritt durch die Stirn in den Zentralkanal ein und reinigt den Körper. Das rote Licht geht in die Kehle und reinigt die Rede, und das blaue Licht geht ins Herz und reinigt euch von falschen Vorstellungen und unheilsamem Denken. Bei der Zufluchtnahme sind zwei Dinge wirklich wichtig: 1. Die falschen

Ich-Vorstellungen der Lebewesen sind Hindernisse und schaffen Leiden. 2. Das Weisheitslicht, das wir bei der Zufluchtnahme aufnehmen, löst diese Hindernisse auf.

Bodhicitta: Verantwortung übernehmen

Der nächste Schritt ist Bodhicitta. Damit übernehmt ihr Verantwortung für alle Lebewesen, zumindest seid ihr bereit dazu. Denkt an die Güte aller Wesen, die einst eure Mütter waren und daran, wie ihr ihnen ihre Güte vergelten könnt. Ihr könnt beispielsweise folgenden Gedanken fassen: „Der beste Weg, ihre Güte zu vergelten, besteht darin, meine Verwirrung zu überwinden, Weisheit zu erlangen, die sechs Paramitas zu entwickeln und alle Wesen zur Befreiung zu führen. Das sollte ich für den Rest meines Lebens tun."

Wir sind unterschiedlich alt und wissen nicht, wie lange wir noch leben werden. Einige haben fast ihr ganzes Leben noch vor sich, andere schon mehr als die Hälfte hinter sich. Für die verbleibende Zeit ist es gut zu denken: „Gleichgültig, was ich noch in meinem Leben zu tun habe, ich will mein Leben und meine Praxis so weit wie möglich dem Wohl anderer widmen. Jetzt bringe ich andere durch meine Negativitäten in Schwierigkeiten. Durch meine Praxis will ich dem ein Ende setzen."

In unseren Gruppen gibt es immer wieder Streit. Das ist unverantwortlich, weil Organisationen das Leben erleichtern sollen. Die Leute plustern sich auf und denken, es gehe immer nur um sie. Das ist ziemlich realitätsfern. Auch Paare streiten aus dem gleichen Grund miteinander. Damit lösen sie ihre Konflikte nicht, sondern zerstören alles Mögliche, ohne es zu wollen, weil sie nicht die ganze Wirklichkeit sehen. Sie wissen nicht, wie man eine Familie heilt und ganz werden läßt. „Das ist unser Zuhause. Wir sind sauber, unser Körper ist sauber, Küche, Wohnzimmer und alle Dinge sind sauber, und zum Leben brauchen wir dies und jenes." Wenn das alle klar verstehen, gibt es keine Probleme. Wenn nicht, wird das Leben schwierig.

Mit Bodhicitta übernehmt ihr Verantwortung. Und genau deshalb bleibt ihr dann auf dem rechten Weg, wenn euch andere das Leben schwer machen. Ihr habt Raum. Ihr wißt, Schwierigkeiten gehören zum Leben, damit müßt ihr einfach zurechtkommen. Wenn man von hier ins Zentrum von Barcelona fährt, kann allerlei passieren. Trotzdem macht ihr euch auf den Weg.

Völlig frei von diesen falschen Ich-Vorstellungen werden – das ist unser Ziel. Es bedeutet sich und anderen Raum geben. Wenn Probleme entstehen, habt ihr Raum dafür. Kommt jemand zu euch und sagt: „Dein Freund Soundso mag dich überhaupt nicht mehr leiden und will dich umbringen." „Mich umbringen?" sagt ihr dann ganz entspannt. „Er mag mir schwer zusetzen, das ist aber nicht unbedingt schlimm. Selbst dafür sollte ich Raum in meinem Geist haben. Wer weiß, vielleicht macht er mir morgen eine ganz große Freude. Heute ist er mein Feind und morgen mein Freund. Heute ist er ein guter Freund und morgen ein Feind, wer weiß. Abwarten." Und ihr laßt los. So funktioniert Bodhicitta. Bodhicitta hat Raum. Bodhicitta kennt keine Rassen und Kategorien – „Du bist schwarz, du bist weiß, du bist religiös, du bist nicht-religiös, du glaubst an etwas und du nicht." Alle sind gleich. Darin liegt die Schönheit von Bodhicitta.

Bodhicitta schafft Raum

Im Buddhismus denkt man, alle Menschen sollten frei von Vorstellungen, Philosophien, Religionen, Lehrsätzen und dergleichen sein. Alle Lebewesen sind eine große Familie. Wer so denkt, ist glücklich. Wenn ihr wirklich genau hinschaut, erkennt ihr, daß alle Lebewesen gleich sind. Wir sind verblendet, wenn wir sie unterschiedlich bewerten. Wenn ihr das einseht, versteht ihr, daß Freunde und Feinde, Angehörige und Liebste, Nicht-Buddhisten und nichtreligiöse Menschen, ja sogar Menschen, die gegen Religionen eingestellt sind, alle gleich sind.

Wie ich höre, gibt es in Spanien gewalttätige Auseinandersetzungen zwischen den Ordnungskräften und Anhängern der baskischen Untergrundorganisation ETA. Wir können auch von diesen Auseinandersetzungen etwas lernen. Vielleicht zeigen diese Terroristen ein Stück Wirklichkeit, die normalerweise niemand sehen will. Ein anderes Beispiel: Mao Tse Tung hat mich ohne Gepäck aus Tibet hinausgeworfen, nur mit dem, was ich auf dem Leib trug. Ich persönlich bin ihm dankbar dafür. Tibet war mein samsarisches Nest. Ich hatte Hunderte von Verwandten hier und dort und wurde, wie das so ist, von allen Seiten verwöhnt. Die Flucht war sehr heilsam für mich, erst dabei begann ich, Dharma wirklich zu verstehen, und das war sehr gut. Bis dahin hatte ich zu intellektuellen Höhenflügen geneigt und nie wirklich etwas verstanden, sondern einfach irgendwelche Worte wiederholt. Die Wirklichkeit ist etwas ganz anderes als Worte. Erst bestimmte äußere Umstände bringen uns zum Verstehen.

In gewisser Weise ist der Westen eine sehr günstige Umgebung für die Dharma-Übung, weil sie hier schwer ist. Es herrscht soviel Verwirrung, und es gibt soviel Gier und Haß. Das ist eine ausgezeichnete Voraussetzung für die Dharma-Praxis. Einige von euch waren schon im Himalaya. Dort geschieht rein gar nichts. Die Felsen sind immer da, das Wasser fließt, und nichts fordert euch heraus. Das Leben im Himalaya ist total einfach. Wenn ihr dann aber in den Westen zurückkommt, ist es nicht einfach, gut für sich zu sorgen. Ich habe nicht das Gefühl, daß meine westlichen Schülerinnen und Schüler ihre Sache schlecht machen. Ihr müßt euch mit schwierigen Bedingungen auseinandersetzen. Ihr praktiziert mit viel mehr Energie als die Mönche im Himalaya, denn ihr müßt euch mit eurer Gesellschaft auseinandersetzen, und das ist nicht einfach. Bringt mal einen Mönch aus dem Himalaya in eine westliche Gesellschaft; möglicherweise dreht er durch, weil ihm alles zuviel wird.

Wenn ihr im Westen praktiziert, macht ihr eure eigenen Erfahrungen. Zuerst besteht das Dharma für euch nur aus Vorstellungen. Wenn ihr sie umsetzt und Erfahrungen macht, wird das Dharma unzerstörbar und mehr als bloße Philosophie. Bodhicitta ist also die Hauptübung des Dharma, sein Kernprinzip. Mit dieser Haltung lösen sich alle Probleme auf. Verletzt euch jemand, gibt es Raum. Kritisiert euch jemand, gibt es Raum. Haßt euch jemand, gibt es Raum. Ihr seid nicht aufgelöst, nur ein bißchen traurig, doch ihr versteht die Situation.

Die 21 Taras

Nach den vorbereitenden Übungen – Zuflucht und Bodhicitta – folgt in der Sadhana die eigentliche Yoga-Praxis. Visualisiert zuerst vor euch im Raum die 21 Taras. Aus ganzem Herzen ruft ihr dann die Buddhas aller zehn Richtungen herbei, und jeder Buddha manifestiert sich als eine Gruppe von 21 Taras. Alle diese zahllosen Gruppen von 21 Taras gehen auf in den 21 Taras vor euch im Raum. Jede der 21 Taras steht für einen bestimmten Aspekt und hat eine bestimmte Energie. Widmet der Tara besondere Aufmerksamkeit, deren Energie ihr gerade besonders benötigt. Wenn ihr darüber meditiert, sinkt die entsprechende Tara in euch. Vielleicht wünscht ihr euch ein langes Leben, oder ihr fühlt euch schwach, oder ihr habt Angst vor dem Tod. Dann manifestiert ihr die Weiße Tara des Langen Lebens und meditiert mehr über sie. Die Rote Tara steht für Kraft. Fühlt ihr euch beispielsweise eurem Mann oder eurer Frau gegenüber machtlos, ist sie das beste Visualisierungsobjekt, weil ihr rotes Licht euch Kraft gibt, so daß ihr besser miteinander klar kommt. Das sind einfache Beispiele für die unterschiedlichen Energien und Kräfte der 21 Taras.

Leerheit

Im Tantra sprechen wir von der Gottheit der Leerheit, die wir mit einer bestimmten Technik erleben können. Das Feld der

Verdienste – alle Buddhas, Bodhisattvas und hohen Wesen, die man traditionell vor sich im Raum visualisiert – löst sich auf und sinkt in die Grüne Tara in der Mitte. Diese Tara löst sich in Licht auf, wandert durch euren Zentralkanal, sinkt in euer Herz, und ihr werdet eins mit ihr. Plötzlich verwandelt sich euer Körper und euer ganzes Nervensystem in Licht. Ihr selbst werdet zu grünem Licht, strahlt grünes Licht aus und löst euch schließlich ganz auf. Es ist wie im Fernsehen: Da erscheint manchmal Licht, dann wird es immer kleiner und verschwindet schließlich.

Warum machen wir das? Wenn wir nur mit dem Verstand sagen: „Jaja, ich verstehe schon, diese Ich-Vorstellung ist falsch, es gibt dieses Ich eigentlich gar nicht", dann reicht das nicht aus – wir müssen Shunyata erfahren. Das ist die Technik dafür. Mit dieser tantrischen Methode verschwinden die Vorstellungen von einem festen Ich, das aus sich heraus existiert, einfach, auf einen Schlag. Wenn das Ich verschwindet, dann ist das Nichtvorhandensein des Ich die Wirklichkeit. Kontempliert darüber. Normalerweise rezitiert man an dieser Stelle das Shunyata-Mantra, man muß das aber nicht tun. Es ist aber gut, das Mantra zu kennen und darüber Bescheid zu wissen.

Was bedeutet Leerheit, Shunyata? Solange wir die konkreten Ich-Vorstellungen nicht aufgelöst haben, ist es sehr schwierig, sich in Tara zu verwandeln oder als Tara zu manifestieren. Wir müssen genau verstehen, wie unsere Ich-Vorstellungen aussehen und wie wir damit alles interpretieren. Das lehrt euch letztlich allerdings weder ein Lama noch der Buddhismus. So funktioniert das leider nicht. Gebraucht eure Weisheit und werdet euch bewußt, wie ihr euch fühlt. Euer Verständnis reicht, eure Beobachtung genügt. Das ist nicht so kompliziert, wie ihr denkt. Ihr versteht Shunyata, wenn ihr begreift, daß die Welt nicht so ist, wie ihr euch das vorstellt. Versteht ihr das, braucht ihr euch nicht mit komplizierten, anspruchsvollen Philosophien zu befassen. Es ist überflüssig.

Wer bin ich?

Seid euch jetzt in diesem Augenblick bewußt, wie ihr euer Ich empfindet: „Ich bin schön. Ich bin soundso." Beobachtet, was ihr spürt, wie ihr die Welt interpretiert, das genügt. Wie sieht euer „Ich" diese Situation? Es meint: „Ich existiere irgendwo hier in diesem Körper. Irgendwo da drin gibt es mich." Als ob der Körper ein Haus wäre, in dem das Ich wohnt. Als ob wir hineingehen könnten und es finden. Als warte es nur darauf, uns zu begrüßen. Was ihr auch denkt, ob ihr wacht oder schlaft, ihr habt das Gefühl, so sei es. So ähnlich empfinden viele.

Dem Shunyata-Verständnis des buddhistischen Philosophen Nagarjuna zufolge können wir dieses „Ich" nie finden, wie sehr wir es auch beobachten oder überprüfen, wie lange wir auch darüber nachdenken mögen. Selbst wenn ihr alle auf der Lauer liegt und diesen Lama hier beobachtet, ihr könnt mein „Ich" nicht finden. Angenommen, alle eure Freunde wollen sich auf die Suche nach Barcelona machen. Sie werden es nie finden. Genauso wenig werden eure Eltern euer „Ich" finden, wenn sie in eurem Körper danach suchen. Sie werden nichts finden. Wenn ihr das versteht, versteht ihr Nagarjunas Lehren. [9]

Bloße Benennungen

Was bedeutet „aus sich heraus existieren"? Sucht ihr das Ich eures Freundes in seinem Körper und glaubt ihr, ihr könntet es darin finden, dann wäre ein solches Ich etwas, das aus sich heraus existierte. Normalerweise denken wir genau so. Wir halten das Ich für etwas Unabhängiges, meinen, wir könnten danach Ausschau halten und dann sagen: „Da ist es." Aber so etwas gibt es nicht. Diese Art von Nichtvorhandensein nennen wir Nicht-Zweiheit oder Leerheit. Der oberflächliche, gewöhnliche Geist gibt einer bestimmten Energie einen Namen, ein Etikett, und sagt: „Das bist du." Anders ausgedrückt existiert die Wirklichkeit dieser Person nur dann, wenn wir sie benennen. Hier gibt es eine Energieblase, dort einen Körper, und ein normaler Mensch mit einem normalen Geist fragt dann: „Wie heißt du?" So ist das.

Es gibt eine Energieblase und einen Namen dafür. Das ist alles, was es gibt. Nur das Ich will nicht zugeben, daß „Ich" bloß ein Name, bloß eine Benennung ist. Es möchte mehr sein. Es möchte etwas darstellen. Am Anfang gibt es ganz einfach und oberflächlich lediglich diese Benennung. „Das ist Maria, das ist Hans." Wenn wir uns Namen geben oder Dinge benennen, hat das nichts mit Philosophie zu tun. Dabei können wir es belassen.

Nehmen wir uns selbst. Sobald wir unser Ich überprüfen, uns spüren, schauen, wie es uns geht und was wir über uns denken, ist es schon längst weg. Aus und vorbei. Diese Person existiert nicht mehr. Das Ich ist sehr langsam, so schlau es auch sein mag. Es glaubt immer, das Ich von gestern sei noch irgendwo, aber das stimmt nicht. Das Ich kommt aber immer erst hinterher, es kommt zu spät. Selbst auf der Ebene der relativen Zeit und des relativen Raums ist die Idee vom Ich unrealistisch, weil das Ich von gestern längst verschwunden ist.

Gewahrsein befreit

Im Buddhismus suchen wir Shunyata durch Gewahrsein. Gewahrsein zerstört den Glauben an aus sich heraus existierende Erscheinungen, die es sowieso gar nicht gibt. So sollten wir uns auf die Suche nach Shunyata machen. Wir müssen geschickt vorgehen, wenn wir die falschen Geschichten des Ich durchschauen wollen. Wenn wir die Zuschreibungen des Ich nämlich nicht mitbekommen, tanzen sie uns auf der Nase herum. In dem Augenblick, wo wir sie bemerken, verschwinden sie. Das ist ein einfacher Trick.

Der Hinduismus spricht vom „Lebensprinzip"[10]: das erzeugt Situationen, die von Verlangen, Haß und Ichsucht geprägt sind. Bei der Meditation erkennt man, daß diese drei Haltungen Manifestationen des Lebensprinzips sind. Dann lösen sie sich auf, wie auch der Gegenstand verschwindet, den das Lebensprinzip geschaffen hat. Solange ich dieses Lebensprinzip nicht kenne, erzeugt es Objekte des Verlangens, Haßobjekte und Objekte der Ichsucht, die mich noch mehr verwirren. Erkenne ich sie als Manifestationen des Lebensprinzips, bringt sie eben dieses Prinzip zum Verschwinden. Es schämt sich sozusagen, weil man ihm diese Objekte aufbürdet und läßt sie wieder verschwinden. Ich finde diese Erklärungen sehr interessant.

Beobachten wir das Ich nicht, nimmt es sozusagen Fleisch und Blut an und tanzt uns unablässig auf der Nase herum. Sobald wir es aber beobachten, löst es sich sozusagen in Luft auf. Warum? Weil es eine bloße Vorstellung ist, für die es keine Entsprechung in der Wirklichkeit gibt. Tibetische Yogis und Yoginis überprüfen sich gerne. Manchmal gehen sie nachts auf einen Friedhof. Sie suchen sozusagen den für sie schlimmstmöglichen Ort auf, meditieren dort und experimentieren mit ihrer Angst. Wenn sie Angst bekommen, beobachten sie, wie das aus sich heraus existierende Ich auftaucht. Wenn man diesen Vorgang genau mitbekommt, versteht man, daß das konkrete, ungeheuer starke Ich überhaupt nicht existiert, sondern unsere eigene Zuschreibung ist. Man entdeckt den Null-Punkt, das „Nichts". Das ist Shunyata.

Das angeborene Ich

Immer wenn wir uns aufregen, macht sich das Ichgefühl bemerkbar, und die Ich-Vorstellungen sind sehr stark. Dann können wir sie besonders gut erkennen. Auch wenn wir uns ärgern, ist das ein guter Zeitpunkt, das Ich zu studieren. Wenn ihr gerade ganz friedlich da sitzt, ist die Vorstellung von einem selbst-existenten Ich gar nicht vorhanden, es ist sozusagen verschwunden.

Ein Ichgefühl existiert aber schon im kleinsten Kind. Wir nennen es das angeborene oder das intuitive Ich. Es geht hier nicht um eine philosophische Lehre, und auch intellektuell formulierte religiöse Überzeugungen spielen keine Rolle. Deshalb verstehen viele intellektuelle Buddhisten, Moslems, Christen oder was auch immer, überhaupt nicht, worum es dabei geht. Versucht man Shunyata nur mit dem Verstand zu begreifen, klappt das nie. Wenn wir lediglich das intellektuell aufgebaute Ich zerstören und stattdessen ein anderes Ich an dessen Stelle setzen, ist das nur ein Ersatz. Unsere Aufgabe besteht darin, das intuitive Ich zu erkennen, das uns angeboren ist. Dieses intuitive Ich erfindet ein aus sich heraus existierendes Ich, und das ist dann sehr stark. Das ist eine ganz geheimnisvolle Geschichte, die es zu verstehen gilt. Dann kann man die Ich-Vorstellung auflösen.

Ferien vom Ich: Die Shunyata-Pause

Wenn ihr einmal genau beobachtet, wie ihr im Glauben an ein konkretes Ich euch ständig selbst interpretiert, dann verschwindet dieses konkrete Ich plötzlich. Dieses Verständnis ständig aufrechtzuhalten ist eine Meditation über Shunyata. Manchmal entsteht dabei eine Art intuitive Angst. „Womöglich gibt es mich gar nicht." Ihr habt den Eindruck, ihr würdet nicht existieren, und das macht euch Angst. Manche kneifen sich dann plötzlich in den Arm, um sich zu spüren. Haltet die Shunyata-Erfahrung ohne innere Dialoge aufrecht, ohne an etwas zu denken. Wenn Gedanken an dies und jenes hochkommen, hört einfach auf damit. Erkennt immer wieder Nichtexistenz. Ich existiere nicht unabhängig von der Benennung „ich", du existierst nicht unabhängig von der Benennung „du", eine Blume existiert nicht unabhängig von der Blumen-Energie, ein Gegenstand existiert nicht unabhängig von seiner eigenen Energie. Das ist der Kernpunkt.

Der tibetische Meister Lama Tsongkhapa gab einst eine Unterweisung über Shunyata. Einer seiner Schüler hatte plötzlich Angst, daß er nicht existiere, und griff nach seinen Armen und seinem Oberkörper. Lama Tsongkhapa war sehr erfreut darüber, denn dieses Verhalten zeigte, daß sein Schüler eine echte

Shunyata-Erfahrung gemacht hatte. Er konnte sich nicht mehr finden, und mußte sich mit seinen Händen vergewissern, daß er noch da war. In einer solchen Erfahrung ist man überzeugt, nicht zu existieren, weil man es erlebt. Wenn ihr euer Ich für so riesig wie den Berg Meru[11] haltet, und es verschwindet dann, bekommt ihr fast das Gefühl, daß überhaupt nichts mehr existiert. Es geht nicht um eine nihilistische Erfahrung – ihr spürt euren Körper, doch in eurem Erleben verschwindet irgendetwas.

In diesem Augenblick gibt es weder Angst, noch Glück, noch Aufregung. Manchmal ist man allerdings doch etwas aufgeregt. Das „Ich" war ein Riesending, groß wie ein Berg, und plötzlich löst es sich auf. Das kann schon Angst machen. Manchmal weiß man nicht, was los war. Manchmal ist man einfach selig. Etwas Schweres wurde abgenommen, und man fühlt sich einfach wunderbar. Manche weinen, andere werden fast ohnmächtig vor Freude, weil eine ungeheure Last von ihren Schultern genommen wurde. Das Wesen der Shunyata-Erfahrung ist aber mit Begriffen nicht zu erfassen, weil es eine nicht-dualistische Erfahrung ist.

Wenn ihr achtsam seid, verschwindet alles ganz und gar. Es gibt nichts Konkretes. Es gibt keine Dualität in dieser Erfahrung, in diesem Augenblick der Weisheit. Euer Geist läßt los. Bleibt klar, ohne Begriffe, ohne Dualität. Bleibt bei dieser Erfahrung. Laßt das Denken in Begriffen, laßt Farbe, Form und Benennungen sein. Seht was ist. Es gibt einen Unterschied zwischen einer Meditation über leeren Raum und einer Meditation über das Auslöschen der Ich-Vorstellungen. Die beiden Meditationen sind völlig verschieden. Shunyata ist wie eine große Pause, kein Ausflippen. Versteht ihr das? Wenn ihr bewußtlos im Krankenhaus liegt, hat das nichts mit Shunyata zu tun, denn ihr tragt dann immer noch die schwere Bürde eines konkreten Ich. In einer tiefen Erfahrung von Shunyata, ist es sehr leicht, sich in die göttliche Weisheitsmutter Tara zu verwandeln.

5 *Tara-Meditationen*

Klare Erscheinung und göttlicher Stolz – Mantra und Mondscheibe – Der grüne Lichtkörper – Konzentration auf den Lichtkörper – Trägheit und Ablenkung – Die Mondscheibe – Die Keimsilbe TAM – Atemtechniken – Die Flamme und Tara im Herzen

Im Raum der Nicht-Zweiheit entsteht ein Lotos-Bett, eine Lotosblume, darauf liegt eine weiße Mondscheibe, und in der Mitte der Mondscheibe erscheint die grüne Keimsilbe TAM. Diese drei Lichterscheinungen sind der Geist. Von Mond und Keimsilbe TAM strahlt Licht in alle zehn Richtungen und reinigt die Umgebung und alle Lebewesen mit seiner glückseligen Energie. Das Licht kehrt zurück und sinkt in das TAM. Plötzlich verwandelt sich das TAM, die Essenz eures Geistes, in den grün strahlenden Lichtkörper von Tara. Es gibt Gottheiten mit vielen Armen und Beinen, die Ausdruck ihrer vielseitigen Fähigkeiten sind. Diese Tara hat ein Gesicht und zwei Arme. Die rechte Hand ist in der Geste des Gewährens höchster Einsichten und Kräfte, die Linke in der Geste der Zuflucht. Das bedeutet, Tara ist Buddha, Dharma und Sangha in einem. Im Christentum spricht man von Gott als dem höchsten Prinzip. Im tibetischen Buddhismus ist Tara die Allwissende Weisheits-Buddha und das Weisheits-Dharma. Tara symbolisiert das Verstehen der Ganzheit, die Einsicht in Shunyata.

Klare Erscheinung und göttlicher Stolz

Die Praxis besteht darin, daß wir uns als Tara visualisieren und das als unsere tiefste Wirklichkeit erkennen. Als Tara mögt ihr eure äußere Form beibehalten, doch ist er ohne Fleisch und Blut. Ihr seid grün strahlende Lichtenergie, einem Regenbogen oder einem klaren Kristall gleich. Ihr seid nur Bewußtseinsenergie ohne materielle Körperlichkeit.

Einssein mit Tara heißt, alle ihre Eigenschaften besitzen. In einem solchen Augenblick seid ihr vollständig entwickelt, und ihr empfindet göttlichen Stolz. Der göttliche Stolz beseitigt Selbstmitleid und Minderwertigkeitsgefühle aller Art. Die klare Imagination als grün strahlender Lichtkörper löst die gewöhnliche Wahrnehmung auf, und der göttliche Stolz beseitigt das minderwertige Selbstbild.

Bemüht euch zunächst, Tara so klar wie möglich vor euch zu sehen und konzentriert euch auf dieses Bild. Aber überanstrengt euch nicht, das macht nämlich nur unzufrieden und tut nicht gut. Zuerst seht ihr Tara im Ganzen, ganz entspannt und kontempliert. Meditiert über den göttlichen Stolz: Erkennt die göttlichen Eigenschaften des grün strahlenden Lichtkörpers. Bei intensiver Übung über einige Wochen sollte man zuerst über den Lichtkörper meditieren und dabei Konzentration entwickeln und später einzelne technische Übungen machen, die am Ende dieses Abschnitts vorgestellt werden.

Mantra und Mondscheibe

Für viele Übende steht die Mantra-Rezitiation im Zentrum. Meine Empfehlung: Fangt mit der Übung an und wenn dann Gedanken kommen, könnt ihr Mantras rezitieren. Danach kehrt ihr wieder zur Konzentration auf den Lichtkörper zurück. Ich möchte euch jetzt einige Konzentrationsübungen vorstellen, die alle systematisch aufeinander aufbauen.

Sie beginnen auf einer relativ groben Ebene. Wir visualisieren uns als Grüne Tara und versenken uns zuerst in den grünen Lichtkörper. Dann richten wir die Aufmerksamkeit auf die Mondscheibe in unserem Herzzentrum. Versenkt euch in die Mondscheibe aus Licht im Herzen. Ihr meditiert nicht *über* die Mondscheibe, da ihr nicht getrennt von der Mondscheibe existiert. Mond und Bewußtsein sind untrennbar eins. Auf dem Rand der Mondscheibe stehen die Mantra-Silben OM TARE TUTTARE TURE SOHA im Urzeigersinn. Rezitiert das Mantra zunächst laut und versenkt euch in das Mantra im Herzen. Zwischendurch kann man die Silben im Stillen rezitieren, dann versenkt ihr euch einfach in ihren Klang. In der Anfangsphase, wenn ihr die Übung erst kennenlernt, könnt ihr in jeder Sitzung einen Aspekt auswählen und euch vor allem darauf konzentrieren.

Der grüne Lichtkörper

Bevor wir „zu Tara werden" und uns als Gottheit visualisieren, meditieren wir über Leerheit. Normalerweise erfindet unsere Unwissenheit ein aus sich heraus existierendes Ich, einen unabhängigen Wesenskern. Wir verstärken diese Vorstellung dadurch, daß wir ständig an dieses Ich denken und an ihm festhalten. Mit dieser dicken Decke von Ich-Vorstellungen halten wir unseren Körper für etwas Konkretes. Erst wenn wir die Vorstellung von einem konkreten Körper auflösen, kann sich die grundlegende Natur unseres Bewußtseins als Tara manifestieren.

Als nächstes „identifizieren" wir uns mit Taras Lichtkörper. Er zeigt uns die Wesen unseres Bewußtseins. Tara ist nicht einfach eine Erfindung unseres Geistes und doch auch kein äußeres Objekt. Das hilft uns Shunyata zu verstehen. Wenn Sohn oder Tochter, die schon lange aus dem Haus sind, ihre Eltern besuchen, fallen sie häufig schon beim Betreten des Hauses in alte Vorstellungen und Verhaltensmuster zurück, und sie benehmen sich wie kleine Kinder. Das zeigt, es reicht nicht, das alte Ich einfach gegen ein neues Ich auszutauschen, weil das alte Ich immer wieder auftauchen kann.

In der Shunyata Erfahrung verwandeln sich Energie und Bewußtsein in einen grün strahlenden Lichtkörper. Diese grün strahlende Shunyata-Weisheitsenergie ist nicht die Energie des Ich-Mäntelchens. Wenn sich die Weisheit der Nicht-Zweiheit mit Glückseligkeit verbindet, entsteht Tara. Als Tara-Ausstrahlung sind wir in der Essenz nicht-dualistische Weisheit. Der Lichtkörper ist nicht-dualistische Weisheit, allerdings in der Form von Tara. Wenn wir das verstehen, wird unsere Verwandlung in Tara zu etwas sehr Tiefgründigem.

Manche Leute verstehen das Prinzip der tantrischen Umwandlung nicht. Vor drei Jahren kam ein junger Mann aus dem Westen in unser Kloster Kopan in Nepal und wollte mit mir debattieren. Er meinte, eine Gottheit zu werden, sei das gleiche wie sich in ein Stück Holz zu verwandeln. Er glaubte, meine Weisheit zerstören zu können. Er verstand nicht, wie man zu Tara wird, wie man diesen besonderen Aspekt ausstrahlen kann, weil er die Leerheitsmeditation nicht verstand.

Die nicht-dualistische Weisheit und den transzendenten Zustand der Glückseligkeit zu verbinden und diese Energie in die grüne Tara zu verwandeln, können wir üben. Es ist nur solange schwierig, wie wir an einem unzerstörbaren Wesenskern festhalten. Selbst zur Gottheit werden und gleichzeitig an einer aus sich heraus existierenden Gottheit festhalten, das ist nicht möglich. Die grün strahlende Licht-Tara ist Bewußtsein, und sie existiert nicht als Objekt. Wenn wir die Lichtform der Gottheit klar sehen, ihre göttlichen Eigenschaften erkennen und gleichzeitig den nicht-dualistischen Charakter dieser Erscheinung verstehen, schult das unseren Geist. Dann erkennen wir die nicht-dualistische Natur aller Objekte und das glückselige Wesen nicht-dualistischer Energie. Nicht-Zweiheit und Glückseligkeit stehen nicht im Widerspruch zueinander. Erkennt jede friedliche, glückselige Energie als Manifestation von Tara.

Es ist eine Tatsache: Wir alle können uns in Tara oder Avalokiteshvara[12] verwandeln, unsere Ich-Vorstellungen loswerden und Buddhaschaft erreichen. Diese Möglichkeit, diese Wirklichkeit ist in Raum und Zeit vorhanden. Gewöhnlich denken wir eindimensional, engstirnig und verschlossen. Wir wissen nicht, was Zeit oder Reinheit bedeuten, und auch nicht, wie lange ein Weltzeitalter dauert. Wie oft haben wir uns schon unterschiedlich manifestiert seit unserer Geburt? Wir können alle Buddha werden. Buddha, Tara, Avalokiteshvara werden, Mitgefühl – alles ist schon da, ist ein Teil von uns. Sobald der dicke Schleier der Ich-Vorstellungen beseitigt ist, manifestiert sich dieser Teil als Buddha, als Tara.

Konzentration auf den Lichtkörper

Sich in der Meditation als Tara sehen beginnt mit einer ungefähren Vorstellung von einem grün strahlenden Lichtkörper. Eine allgemeine Vorstellung, ein ungefähres Bild, ein Gewahrsein von einem grün strahlenden Lichtkörper genügt. Haltet euren Geist darauf gerichtet und strengt euch nicht zu sehr an, bestimmte Dinge vor eurem geistigen Auge zu sehen. Nehmt euch nicht zuviel vor und geht nicht zu intellektuell heran. Habt ihr dieses Bild und dieses Gewahrsein erst einmal entwickelt, so lockert die Aufmerksamkeit etwas.

Ist eure Konzentration stabiler geworden, haltet dieses Gewahrsein fortwährend aufrecht, und betrachtet dann mit einem Teil eures Geistes einzelne Aspekte. Versucht mehr Klarheit zu entwickeln. Seht ihr einen Aspekt dann klar und deutlich, so lockert die Aufmerksamkeit wieder etwas und ruht fünf oder zehn Minuten in diesem klaren Bild. Dann stärkt wieder die Klarheit. Wie wenn Öl brennt und man noch ein wenig mehr Öl ins Feuer gießt; dann leuchtet es noch heller. Genauso verhält sich das mit Klarheit und Konzentration. Konzentration und Gewahrsein bleiben stabil, und gleichzeitig entwickeln wir etwas mehr Klarheit. Wir gießen sozusagen etwas Öl ins Feuer und sehen jede Einzelheit des Bildes klar und deutlich.

Konzentriert euch für ein, zwei Minuten auf das Bild, etwa solange wie ihr braucht, um eine Mala lang Tara-Mantras zu rezitieren. Dann haltet ihr inne. So wird die Konzentration gut. Rezitiert wieder eine Mala lang das Mantra und haltet inne. Geht z.B. kurz nach draußen, lockert die Aufmerksamkeit etwas, kehrt dann zurück und kontempliert wieder. Für den Anfang reichen jeweils fünf bis zehn Minuten. So entsteht Konzentration ohne Trägheit und Ablenkung. Manchmal träumen wir allerdings nur vor uns hin und wollen es uns gut gehen lassen. Entwickeln wir Anhaftung an die Meditation, verbrennen wir all unsere Energie und sind hinterher erschöpft. Wer sich gut konzentrieren kann, braucht während einer formellen Sitzung keine Mantras zu rezitieren. Das könnt ihr zwischen den Sitzungen tun, bei der Arbeit, in der Küche und beim Autofahren.

Trägheit und Ablenkung

Über die Vorteile von Konzentration nachdenken, motiviert uns, grobe Trägheit oder Schläfrigkeit beim Meditieren zu überwinden. Schon auf einer weltlichen Ebene kann man damit viel bewirken: Etwa Kranke heilen, Regen machen oder Wirbelstürme beenden. Diese Folgen tiefer Konzentration sind bekannt. Im Buddhismus nennt man sie die gewöhnlichen Kräfte, auf Sanskrit Siddhis. Die größten Hindernisse für vollkommene Meditationen sind subtile Trägheit oder ein schläfriger Geist und Ablenkung oder der dualistische Geist.[13]

Was machen wir nun mit den Gedanken? Steigt irgendein negativer oder positiver Gedanke auf, erkennen wir ihn sofort als Taras beseligende transzendente Weisheit. Dadurch verändert sich plötzlich alles. Das was wir sehen, also Form und Farbe, verwandeln wir in Taras Lichtgestalt. Werden wir träge und versinken in Dunkelheit, visualisieren wir das Objekt der Meditation etwas heller.

Die Mondscheibe

Nehmen wir an, ihr seid gut konzentriert und eure Aufmerksamkeit ist auf die Weisheitsmutter Tara gerichtet, ihr empfindet göttlichen Stolz und euer Bild von Tara ist klar. Wenn Einsicht und Klarheit da sind, läuft eure Meditation gut. Dann kommt eine neue Übung: Wir sind Tara, und in unserem Herzen befindet sich eine Mondscheibe, und darüber kontemplieren wir. Viele Menschen erzählen mir von Schmerzen im Herzzentrum; sie fühlen sich verhärtet. Solchen Menschen bekommt es gut, über die Mondscheibe im Herzen zu kontemplieren. Die Mondscheibe ist ganz hell, wie der Vollmond. Wenn ihr darüber kontempliert, könnt ihr Schmerzen und Verhärtungen auflösen und eine Art Befreiung spüren. Konzentration ist etwas anderes als Anspannung. Stellt euch einfach vor, ihr seid da und die Mondscheibe auch, und seid euch dessen bewußt. Richtet eure Aufmerksamkeit fortwährend auf die Mondscheibe. Das ist Konzentration. Der springende Punkt dabei ist folgender: Wenn wir über den Mond kontemplieren, sind wir nicht getrennt davon. Es ist nicht so, wie wenn wir den Mond am Himmel betrachten. Unser Bewußtsein ist eins mit dem Mond, weil es sich um einen geistigen Mond handelt. In diesen Mond sinkt unser Geist. Es gibt keine Dualität. Darin liegt die Schönheit des Tantra: Es gibt keine Unterscheidung zwischen Subjekt und Objekt, sie sind eins. Das löst die dualistische Haltung auf.

Die Keimsilbe TAM

Jetzt richten wir die Aufmerksamkeit auf die Keimsilbe TAM. Kontempliert die grün strahlende Silbe TAM aus Licht mitten auf dem Mond. Euer Bewußtsein wird zum TAM, und das ist winzig klein. Diese Visualisierung des kleinen TAM beseitigt sehr leicht subtile Trägheit und Ablenkung. Um das TAM herum stehen die zehn Silben des Tara-Mantra im Urzeigersinn, und ihr kontempliert jede einzelne Silbe. Ein gutes Bild für diese Silben aus Licht sind die Leuchtreklamen in den Städten bei Nacht. Den Mantra-Kreis gibt es nicht nur im Buddhismus. Diese alte geheime Überlieferung gab es früher auch im Westen. Ich habe kürzlich ein interessantes englisches Buch durchgeblättert, in dem die Mantra-Praxis in den verschiedenen Religionen dargestellt wurde.[14] Ihr braucht euch nicht den Kopf zu zerbrechen, wie die Silben genau aussehen. Sie sind einfach da, und wir rezitieren das Mantra; zuerst verbal, und nach einer Weile kontemplieren wir nur noch und rezitieren es geistig.

Atemtechniken

Im Kriya-Tantra benutzen wir eine Atemtechnik als Konzentrationsübung. Wir atmen ein, halten den Atem eine Weile an, und bevor es unangenehm wird, atmen wir aus. Normalerweise lenkt uns die Atembewegung ab. Bei dieser Technik atmen wir ein, und mit angehaltenem Atem können wir uns besser konzentrieren. Ein Hollywood-Regisseur hat es einmal so beschrieben: „Wenn ich eine Aufnahme mache, atme ich ein, halte den Atem an und mache die Aufnahme." Atmet ganz natürlich ein. Wie lange könnt ihr den Atem anhalten? Wenn ihr ausatmen wollt, atmet durch die Nase. Setzt euch aber nie unter Druck. Sinn und Zweck dieser Atemtechnik und der Konzentration auf das Herzzentrum ist, das Herzzentrum zu öffnen. Dem wird im Tantra sehr große Bedeutung beigemessen.

Die Flamme und Tara im Herzen

Nach der verbalen und der stillen Mantra-Rezitation und der Kontemplation der Mondscheibe im Herzzentrum kommt folgende Übung: In der Mitte der Mondscheibe brennt eine Flamme, wie bei einer Gasheizung. In dieser Flamme manifestiert sich euer Tara-Bewußtsein, eure nicht-dualistische Weisheit als Mantra. Ihr lauscht dem Mantra in dieser Flamme in eurem Herzen ohne ein einziges Wort, beispielsweise mit der oben beschriebenen Atemtechnik: Einatmen, kontemplieren, ausatmen, einatmen, kontemplieren usw. Diese Übung ist sehr, sehr kraftvoll, und erzeugt Wärme. Die Bewußtseinsenergie wird so zu einer Art Kernkraft, sie erzeugt Licht und Wärme. Kontempliert gleichzeitig über die Wärme. Diese starke Energie kann eure dualistischen Gedanken zum Anhalten bringen.

Manche Menschen im Westen fasten gerne. Ihnen empfehle ich diese Übung. Die Aufmerksamkeit auf die Flamme im Herzzentrum richten, gibt dem Körper nämlich Energie – so daß das Essen ein Zeitlang überflüssig wird. Im Westen kreisen die Gedanken vieler Menschen um das Essen. Sie sind manchmal gierig wie Hungergeister und wundern sich dann, wenn sie dabei so rund und dick werden, daß die anderen sie häßlich finden. Menschen mit einem derart unkontrollierten Geist, lege ich diese Meditationstechnik ans Herz. Sie erzeugt eine äußerst angenehme Wärme. Mit der Wärme entsteht Glückseligkeits-Energie. Wenn ihr selig seid, denkt ihr nicht mehr an Tapas und Tortilla. Wenn sich eure Konzentration weiter entwickelt und ihr ohne Trägheit und Ablenkung vielleicht mehrere Stunden darin verweilen könnt, könnt ihr sozusagen die ewige Glückseligkeit der Askese kennenlernen.

Eine Woche oder zehn Tage können wir problemlos nur mit dieser Übung verbringen. Zuerst lernt man, wie man richtig sitzt und sich dabei wohlfühlt. Dann folgen Anleitungen zur Atemmeditation und Konzentration. Schließlich lernt ihr, wie man Trägheit und Ablenkung überwindet und wie man kontempliert. Ihr lernt loslassen, loslassen, loslassen.

Zurück zur Tara-Meditation! Bei der nächsten Übung befindet sich in eurem Herzen eine ganz kleine grüne Tara, wieder mit einer kleinen warmen Flamme im Herzen. In dieser Flamme manifestiert sich eure nichtdualistische Weisheit als Mantra. Versenkt euch hinein. Da Tara und Flamme so winzig klein sind, ist diese Übung noch sehr viel wirksamer.

Aus diesem System der Übungen solltet ihr das auswählen, was für euch wirksam ist. Im allgemeinen ist das die Meditation, die ihr gern macht.

Teil Drei
Das Wesen des Geistes und der tantrische Weg

1 Zuflucht

Zuflucht – Körper und Geist – Verantwortung übernehmen – Konzentration und Einsicht – Gute Seiten, schlechte Seiten – Der dualistische Geist – Ein Leben ohne Angst – Religion, Gott und Buddha – Innere Zuflucht – Der Mensch Buddha – Sammlung – Buddhas und Lebewesen – Reinigung mit Licht – Widmung

Zuflucht

Wer wirklich frei oder erleuchtet ist, braucht nicht mehr Zuflucht zu Buddha, Dharma und Sangha zu nehmen. Wenn wir aber noch nicht frei sind und Ichkonflikte und Schwierigkeiten erleben, müssen wir Zuflucht nehmen. Vielleicht haltet ihr Zuflucht für etwas Exotisches, für die fixe Idee eines tibetischen Mönchs. Ihr denkt vielleicht: „Nur Asiaten nehmen Zuflucht. Ich aber komme aus dem Westen.“ oder: „Ich bin doch glücklich. Wozu brauche ich Zuflucht?“ Aber so einfach ist es nicht. Wenn wir unseren Alltag genau unter die Lupe nehmen und unsere Symptome, Schwierigkeiten und Unzufriedenheiten genauer anschauen, verstehen wir, daß wir keineswegs frei sind. Genau deshalb brauchen wir Zuflucht.[1]

Zuflucht ist nichts Neues. Von Geburt an nehmen wir ständig Zuflucht. Als Kinder schreien wir nach der Mama – wir nehmen Zuflucht zu unserer Mutter. Mit dem Schreien drückt man immer aus, daß es einem nicht gut geht. Wenn ihr heute sagt: „Ich will mein Leben ändern", nehmt ihr Zuflucht, Zuflucht zu Besitz, zu Freundinnen und Freunden, zu bestimmten Dingen, immer auf der Suche nach Sicherheit und Glück. Wenn ihr allerdings genauer untersucht, was ihr bisher getan habt, um Glück, Zufriedenheit und Freiheit zu finden, müßt ihr vieles davon mit einem Fragezeichen versehen. Bringt euch euer Handeln diesem Ziel näher oder nicht?

Was bedeutet es, Zuflucht zu Buddha, Dharma und Sangha zu nehmen? Der buddhistische Terminus Buddha bezeichnet ein Wesen, das durch und durch weise geworden ist, das im Licht lebt, nicht in der Dunkelheit. In diesem Sinne bedeutet Buddha vollständig entwickeltes Bewußtsein oder Weisheit. Im Christentum spricht man vom allgegenwärtigen Gott. Wenn ich das buddhistisch interpretiere, ähnelt das der Allgegenwart der Weisheit eines Buddha. Sie ist allgegenwärtig und ohne Schatten. Buddha sein bedeutet, die Wirklichkeit unseres Bewußtseins zu verstehen und damit das Bewußtsein aller Wesen. Wir machen in unserem samsarischen Leben immer wieder Fehler, weil wir innerlich nicht hell oder helle genug sind und nicht sehen können, was morgen geschieht. Es gibt Zeit und Raum, und das Morgen ist jetzt schon Wirklichkeit. Die kommenden Veränderungen sind im Heute schon angelegt. Weil es uns an Einsicht, an Klarheit und Weisheit fehlt, gehen wir nicht gut mit unserem Leben und mit unseren Beziehungen um. Wenn wir Zuflucht zu Buddha nehmen – Buddha als vollständige Bewußtheit und Weisheit betrachtet -, verstehen wir unsere eigene Wirklichkeit und die Außenwelt besser. Nur wenn ihr euch selbst versteht, gewinnt ihr immerwährende Zufriedenheit oder die ewige Seligkeit, wie es im Christentum heißt. Wenn man die christlichen Begriffe weise interpretiert, ergeben sie durchaus Sinn.

Körper und Geist

Wir sind unzufrieden mit unserem Leben, weil wir unwissend sind. Unwissenheit wirft einen dunklen Schatten auf unser Leben. Die Menschen im Westen haben inzwischen verstanden, daß uns ein rein materialistischer Ansatz uns selbst und der Außenwelt gegenüber stark einengt. Und doch halten viele nur diese materielle Welt und sich selbst für wirklich. Viele glauben, dieser Körper aus Atomen, aus Fleisch, Blut und Knochen sei das wahre Ich. Im Buddhismus heißt es aber, weder das Bein, noch die Hand, noch der Kopf ist das Ich. Wer nur den Körper und die Außenwelt, nur den stofflichen Körper und die stoffliche Welt für wirklich hält, ist völlig verwirrt. Eure wichtigste Energie ist euer Bewußtsein. Wir Menschen haben Bewußtsein, und mit diesem Bewußtsein beeinflussen wir uns selbst und die Umwelt. Ich halte an meinem selbsterfundenen Ich und meinen Vorstellungen darüber fest. Ihr habt hunderttausend Ideen über mich und projiziert sie auf mich.

Der Wert eines Menschen hat zwar etwas mit seiner physischen Existenz zu tun, geht aber gleichzeitig darüber hinaus. Unser Bewußtsein hat etwas mit unserem Körper zu tun, ist selbst aber nicht stofflich. Bewußtsein hat weder Form noch Farbe. Wir halten an Form und Farbe fest, und wenn die sich verändern, bekommen wir Angst. Das zeigt, daß wir von klein auf die Wirklichkeit nicht verstanden haben. Wirklichkeit bedeutet Sterben, ständige Veränderung. Wir können inzwischen wissenschaftlich nachweisen, daß sich die Wirklichkeit ständig verändert, doch trotzdem lehnen wir diese Tatsache innerlich ab und halten die sichtbare Welt für die einzig wirkliche, zumindest für wirklicher als alles andere. Wir können aber begreifen, daß der Mensch mehr wert ist als sein Körper und daß es eine zentrale Energie im Menschen gibt, die von einem Leben zum nächsten geht. Wenn ihr das versteht, entsteht eine Art Vertrauen, und ihr könnt loslassen.

Meist jedoch glaubt ihr nur an die stoffliche Welt. Ihr projiziert eure Vorstellungen auf die Welt und entwickelt philosophische Systeme: „Wenn ich dies und das tue, werde ich glücklich." Das ist unrealistisch, und so mißversteht ihr die Lehren, das Dharma, und glaubt: „Morgen bin ich erleuchtet.", aber das ist falsch. Das sind intellektuelle Spielereien. Jede Art von Denken, ob spirituell oder materiell ist Denken, und es hat wenig mit unserem alltäglichen Leben zu tun. In unserer Gesellschaft gibt es viel Ehrgeiz und Habgier. Alle wollen ständig etwas haben. Doch wer ist glücklich? Wer ist schon zufrieden? Angenommen ich bin Kanadier und besitze kein Auto. Dann meine ich vielleicht, wenn ich hart arbeite und mir ein Auto kaufe, werde ich frei und glücklich. Wenn ich dann ein Auto besitze, genügt das nicht, und ich brauche zwei. Aber auch das macht mich nicht glücklich. Das geht allen Menschen so, überall auf der Welt.

Worum geht es? Wir streben nach Befreiung, nach immerwährender Zufriedenheit und tiefem Vertrauen. Dieses Glück sollte nicht von unbeständigen Dingen abhängig sein. Wenn wir das verstehen wollen, müssen wir begreifen, daß das Bewußtsein des Menschen der Kernpunkt des gesamten menschlichen Daseins, sozusagen der Mittelpunkt seines Mandala ist. Jedes menschliche Leben, ob elend oder glücklich, entsteht aus dem menschlichen Bewußtsein und nicht aus unseren Händen oder unserer Kehle. Das ist der Kernpunkt der buddhistischen Philosophie. Das bedeutet: Wenn wir Schwierigkeiten mit der Welt haben, können wir sie nur lösen, wenn wir unsere Haltung dem Wahrnehmungsobjekt gegenüber genau untersuchen. Einige Probleme können wir natürlich auch anders lösen. Haben wir uns an der Hand verletzt, können wir zum Arzt gehen, und er wird uns helfen. Die meisten Probleme haben aber mit unserer Haltung zu den Dingen und Menschen zu tun. Hier stellt der Buddhismus die Frage: Wie gehen wir mit den Symptomen des Geistes um? Darüber rede ich hier.

Verantwortung übernehmen

Wie oft habt ihr beispielsweise seit eurer Geburt eure Meinung über euch selbst und über die Welt verändert? Seid ihr von klein auf die oder der gleiche geblieben? Und wie denkt ihr über euch selbst und die Welt? Verändert sich das oder nicht? Ständige Veränderung – das ist die Wirklichkeit. Was setzt die Veränderung in Gang? Vielleicht denkt ihr: „Die Gesellschaft verändert sich, und deshalb verändere ich mich auch." Natürlich hat die Gesellschaft einen gewissen Einfluß, doch der Buddhismus geht davon aus, daß das Wichtigste, die Hauptenergie, die eure Ansichten verändert, nicht die Gesellschaft ist; diese Energie sitzt in euch selbst. Sie ist euer eigener Geist.

Der Buddhismus fordert uns daher zuallererst auf, Verantwortung für uns selbst zu übernehmen, für Körper, Rede und Geist. Die meisten meinen, erst muß sich die Gesellschaft verändern. „Atomkraft nein danke." In den Sechzigern und Siebzigern gab es viele Demonstrationen gegen Universitätsstrukturen, gegen den Vietnamkrieg und gegen die Regierung. Das ist die Betonung der Außenwelt. Ihr sagt: „Er macht dies und das", statt: „Ich mache dies und das." Ihr betont die äußeren Dinge so sehr, daß ihr darüber euch selbst fast vergeßt. Ihr meint es wirklich nicht gut mit euch. Etwas ist da überhaupt nicht im Gleichgewicht. Wir sollten also verantwortlich mit Körper, Rede und Geist umgehen, vor allen Dingen mit dem Geist.

Konzentration und Einsicht

Manche Menschen, die meditieren, legen zuviel Gewicht auf Konzentration. Sie setzen sich unter Druck, sie tun sich sozusagen Gewalt an. Dann regen sie sich auf und können nicht gut meditieren. Das sind für mich falsche Meditationen. Wenn man sich unter Druck setzt, reagiert man auf jede Störung aggressiv. Das Schöne an echter Meditation ist, daß man Raum und Zeit hat, selbst wenn man gestört wird. Rechte Meditation hilft auch, wenn man wütend ist. Andernfalls wäre sie einfach sinnlos. Dann ist es besser, nicht zu meditieren, sondern an den Strand zu gehen oder sich ins Bett zu legen. Viele Übende geben sich ungemein Mühe mit der Konzentration, aber sie verstehen nichts. Das Wichtigste ist die Einstellung. Daran kann man auch arbeiten, wenn man spazieren geht oder mit andern spricht. Das sind dann wirkliche Meditationen.

Gute Seiten, schlechte Seiten

Wahrscheinlich fragt ihr euch, warum dieser Mönch darauf beharrt, daß wir in erster Linie das Bewußtsein verstehen müssen. Wie kann man sein Bewußtsein verstehen? Indem man die eigene Einstellung genau überprüft. Unsere Haltung zu den Dingen und Menschen im Alltag fällt nicht vom Himmel. Sie entwickelt sich aufgrund bestimmter Bedingungen. Der Buddhismus meint, jeder Gedanke und jede Haltung hat eine Geschichte. Ihr seid vielleicht überrascht, wenn euch plötzlich seltsame Gedanken kommen. Ihr glaubt nicht wirklich, daß solche Gedanken eine Geschichte haben, Ursachen und Bedingungen. Ihr habt keine Ahnung von ihren komplexen Zusammenhängen und Verbindungen. Ihr haltet euch für rein und gut. Plötzlich kommt ein negativer Gedanke und ihr stöhnt: „Ich verstehe das nicht." Mit der Weisheit des Mittleren Wegs versteht ihr, daß alle Menschen positive und negative Seiten haben. Wir haben eine unwissende, verwirrte Seite und gleichzeitig eine wunderbare, schöne: Buddha-Natur. Es gilt also beide Seiten zu sehen.

Wenn ihr untersucht, wie ihr denkt, wie ihr funktioniert, wie ihr reagiert und was alles eure Reaktionen beeinflußt, dann seht ihr allmählich ein, wie man negative Einstellungen in positive verwandeln, wie man sich selbst verändern kann. Das ist der Anfang der Meditation. So macht ihr eigene religiöse Erfahrungen. Wenn ihr regelmäßig übt, entsteht Vertrauen und innere Ruhe. Ihr begreift, daß das Auf und Ab im Leben natürlich ist. Kommt ihr mit euch und euren Lebensumständen zurecht, seid ihr frei und befreit euch von euren Minderwertigkeitsgefühlen. Mit anderen Worten: Ihr seid glücklich. Dann könnt ihr anderen helfen. Die Fähigkeit, mit sich und anderen geschickt umzugehen, hat viele Stufen und Grade. Im Buddhismus spricht man von zehn Bodhisattva-Stufen; das heißt,

Erleuchtungserfahrungen haben viele Grade und unser Wachstum ebenfalls.[2]

Der dualistische Geist

Dann entdeckt ihr, daß euer eigenes Leben nicht flach ist, sondern tief. Ihr seid auf der Suche und denkt vielleicht: „Oh, da kommt ein Mönch aus dem Himalaya. Er wird mich etwas Tiefgründiges lehren." Diese Haltung ist falsch. Euer eigenes Leben ist bereits tief. In euch existiert Vollkommenheit. Der Buddhismus hält unerwachte Menschen nicht für wertlos. Er hält sie nicht für wohlerzogene Tiere oder Affen mit Tischmanieren. Der Buddhismus meint nicht, daß ihr erst als Buddha Wert besitzt. Ihr seid immer wertvoll und besitzt Buddha-Eigenschaften. Manchmal setzen euch Fähigkeiten oder Einsichten, die ihr euch nicht zugetraut hättet, in Erstaunen.

Wenn ihr an einem konkreten Ich festhaltet, setzt das eurer Wirklichkeit Grenzen und ihr fällt begrenzte Urteile: „Dein Gesicht ist soundso, deine Nase ist soundso, deshalb bist du soundso." Alles wird in Kategorien und Kästchen gepackt. Der dualistische Geist setzt ständig Grenzen, zerlegt Dinge in Einzelteile und schafft Wissen. Der Weg der Wissenschaft ist der dualistische Weg der Überprüfung. Das ist nicht schlecht, doch an einem bestimmten Punkt muß man dualistisches Denken hinter sich lassen. Wenn man Wirklichkeit erleben will, muß man Dualität überwinden. Doch ich sage damit nicht, daß ihr die Dualität in allen Situationen hinter euch lassen sollt – wir leben schließlich in einer dualistischen Welt mit unserem dualistischen Geist –, doch mit Hilfe von Meditation könnt ihr dualistische Wahrnehmung hinter euch lassen.

Haltet euch nicht für begrenzt: „So bin ich eben, daher kann ich nur soundso handeln, soundso leben, soundso reagieren, etwas anderes ist nicht möglich." Solche begrenzten Urteile sind falsch, weil sie unsere Entwicklung einschränken. Im Stufenweg zur Erleuchtung ist viel die Rede von der Kostbarkeit des menschlichen Lebens. Es ist von unschätzbarem Wert. Die großartige buddhistische Psychologie sagt, wir sollten uns wirklich wertschätzen. Das bedeutet nicht, in Größenwahn zu verfallen. Ihr könnt Buddha werden – oder auch Gott, allerdings nicht im christlichen Sinn. In der christlichen Theologie ist das nicht denkbar, weil der christliche Gott für den menschlichen Geist unerreichbar ist. Vom buddhistischen Standpunkt ist das anders. Ein Mensch kann Buddha werden.

Ein Mensch trägt die Ganzheit, die Buddha-Qualität in sich. Schon auf der Alltagsebene haben Menschen weit weniger Schwierigkeiten miteinander, wenn sie nicht soviele begrenzte Vorstellungen voneinander haben. Manche Forscher halten Menschen für nichts Besonderes, für etwas höherentwickelte Tiere, manche für biochemische Maschinen. Natürlich sind die Menschen mit den Tieren verwandt, und auch Tiere besitzen Buddha-Natur, doch die buddhistischen Lehren gehen davon aus, daß der Geist der Menschen den der Tiere weit überragt. In den sechs Daseinsbereichen, die der Buddhismus beschreibt, gilt die menschliche Existenz als die beste Ausgangsposition, um den geistigen Weg zu gehen.[3] Kurz gesagt, wir sollten uns achten und die besonderen Qualitäten unserer Wirklichkeit anerkennen.

Ein Leben ohne Angst

Zurück zur Zuflucht! Wir nehmen also Zuflucht zu Buddha, einem vollständig entwickelten, vollständig offenen Wesen. Dharma ist das Licht der Weisheit, das Verständnis der Wirklichkeit. Sangha sind diejenigen, die die Wirklichkeit des Bewußtseins verstehen. Sie helfen andern dadurch, daß sie über die Wirklichkeit nachdenken, statt Dunkelheit zu verbreiten. Sangha hat nichts mit Roben oder Glatze zu tun. Beide Geschlechter, Männer und Frauen, können Sangha werden. Wir brauchen die Sangha, weil unser Verständnis der Wirklichkeit sehr begrenzt ist. Es gleicht einer Kerzenflamme im Wind: Er bläst sie einfach aus. Wir brauchen Hilfe, damit unsere Flamme größer wird und sicherer brennt, und die gibt uns die Sangha.

Zuflucht nehmen ist sehr nützlich. Aus der Zufluchtnahme entstehen Zufriedenheit und Vertrauen. Meist haben wir vor irgendetwas Angst – vor dem Tod oder dem Verlust von Dingen – und wir machen uns Sorgen um dies und jenes. Uns fehlt tief im Herzen Vertrauen. Wir wissen nicht, wie wir echte Zufriedenheit gewinnen können und glauben: „Dieses Ding schenkt mir Zufriedenheit. Verliere ich es, verliere ich meine Zufriedenheit, und dann ist mein Leben ohne Sinn." Weil unser Herz leer ist, denken wir so.

Zuflucht zu Buddha, Dharma und Sangha gibt dem Leben eine neue Perspektive; sie befreit von Ichkonflikten, Unzufriedenheit, Angst, Wut und Anhaftung. Zuflucht schenkt Sicherheit. Wir wissen, wieviel Sicherheit schon einflußreiche Freunde geben. Angenommen einer meiner Freunde ist ein hoher Politiker. Wenn ich dann mit dem Gesetz in Konflikt komme, brauche ich mir keine Sorgen zu machen, denn mein guter Freund wird sich schon um alles kümmern. Ich bleibe innerlich völlig entspannt. In gleicher Weise bin ich innerlich entspannt, wenn ich Zuflucht genommen habe und an meinen Tod denke: „Eines Tages wird dieser Körper nicht mehr richtig funktionieren und verschwinden. Nur mein Geist bleibt übrig. Darauf bin ich gefaßt." Mit Zuflucht bleibt unser Geist völlig klar und wir brauchen uns keine Sorgen mehr zu machen. Selbst wenn wir sterben, haben wir mit einem klaren Geist keine Schwierigkeiten.

Religion, Gott und Buddha

Unser Problem liegt in unserem Geist. Er ist unklar und verwirrt und deshalb sind wir immer unzufrieden. Selbst wenn wir reich sind, bleibt unser Herz leer, solange wir unzufrieden sind. Viele Menschen im Westen halten Religion für unwichtig. Sie begreifen nicht, wie wichtig es ist, den eigenen Geist oder das eigene Bewußtsein zu verstehen. Aber wenn man die richtigen Fragen stellt, sehen sie auch das ein.

Ich möchte das an einem Beispiel illustrieren. Angenommen, ihr sitzt in einem Flugzeug und plötzlich hört ihr die Stimme des Kapitäns: „Oh mein Gott, wir machen gleich eine Bruchlandung." Plötzlich denkt ihr an Gott. Normalerweise glaubt ihr nicht an Gott. Mit dem Verstand lehnt ihr Gott ab, doch ihr glaubt an irgendetwas. Wenn ihr in Schwierigkeiten geratet, glaubt ihr an etwas. Das ist mein Punkt: Wir sind Menschen mit einem Geist und einem Körper. Wir können unseren Geist genauso wenig leugnen wie unsere Nase. Ihn mit dem Verstand abzulehnen ist Unsinn, denn der Verstand ist ein Teil des Geistes. Das ist so, als ob wir sagten: „Dort drüben fährt ein Auto, doch ich kümmere mich nicht darum, denn es existiert nicht." Das Auto ist aber da. Religion ist Teil des Menschen. Bewußtsein ist Teil des Menschen. Unser Denken ist Teil des Lebens. Wer also einem geistigen Weg folgt, glaubt nicht an etwas, was es nicht gibt. Wenn ihr euren Geist negiert, lehnt ihr einen Teil von euch ab. Das ist genauso unsinnig, wie wenn ihr euer linkes Bein leugnen würdet.

Tendenziell denkt ihr aber so, und das ist keine gute Haltung. Wer so denkt, lehnt sich selbst ab. Es ist wichtig, Zuflucht zu unserer inneren Weisheit, zum Licht der Weisheit in uns zu nehmen. Ob ihr dabei an Buddha, Krishna oder Gott denkt, ist egal: Jede Religion bietet eine Art Zuflucht, auch wenn sich ihre philosophischen Erklärungen unterscheiden. Die Christen sind nicht damit einverstanden, wie die Buddhisten Buddha oder Gott erklären. Und die Buddhisten werden die Interpretationen der Christen über Gott nicht akzeptieren, zumindest nicht auf der oberflächlichen, philosophischen Ebene. Beide Religionen haben jedoch einiges gemeinsam.

Innere Zuflucht

Manche westliche Menschen finden es schwierig, Zuflucht zu Buddha zu nehmen: „Wer ist überhaupt Buddha? Wo befindet er sich? Hast du Buddha schon einmal gesehen? Ich habe noch keinen Buddha in Kanada gesehen." Habt ihr vielleicht schon einmal Gott gesehen? Es geht nicht darum, jemanden zu sehen, wenn ihr Zuflucht nehmt. Wir alle wissen, daß es mehr Weisheit, mehr Verständnis gibt, als wir in diesem Augenblick erleben. Manchmal sind wir glasklar und kommen gut mit unserem Leben zurecht, manchmal sind wir niedergeschlagen, fallen ins Dunkel und werden nicht fertig mit unserem Leben. Zuflucht zu Buddha nehmen hat nichts mit einem äußeren Buddha zu tun: Wir können Zuflucht zu unserem inneren Weisheitslicht nehmen. Ihr habt alle Weisheit in euch. Die Tibeter benutzen in ihren Ritualen Vajra (Skt., tib. dorje, Donnerkeil, Diamantszepter) und Glocke. Die Glocke steht für Weisheit, den klaren Geist. Ein glasklarer Geist kann mit allem besser umgehen und sich besser mit anderen verständigen als ein verwirrter. Und ich sage euch: Euer Geist ist jetzt glasklar, und dieser klaren Weisheit könnt ihr vertrauen. Auf sie könnt ihr euch verlassen. Wenn ihr also Zuflucht nehmt, grübelt nicht besorgt über die Frage nach: „Wo ist der Buddha?".

Das ist ein realistischer Weg. Das Ziel ist ein glasklarer Geist – aber gleichzeitig hat man ihn schon in einem gewissen Ausmaß. Das ist das Schöne an den Menschen. Menschen sind nicht nur körperlich schön, ihr glasklarer spiegelgleicher Geist ist noch viel schöner; damit können sie Wert und Unwert, Sinn und Unsinn unterscheiden. Wir alle kennen das. Viele meiner Freunde und Freundinnen sind manchmal umwerfend klug, auf natürliche Weise wach, und sie nutzen ihr Leben auf wunderbare Weise. Dann gibt es Zeiten, da versinken sie plötzlich in völliger Dunkelheit und machen alles falsch. Das schockiert mich manchmal.

Was die Zuflucht zu Buddha betrifft, gibt es zum einen den äußeren Buddha und zum anderen die innere Zuflucht zum Buddha in uns. Der äußere Buddha, Shakyamuni kam auf diese Erde und entdeckte die vollständige Erleuchtung. Einfach ausgedrückt, überwand er sein Verlangen und Festhalten und die Schwierigkeiten, die aus Aggression entstehen. Er hat keine Probleme mehr mit seinem Ich. Deshalb sprechen wir von einem „Buddha". Der Sanskrit-Begriff „Buddha" bedeutet wörtlich „der Erwachte, der Offene". Sind wir unwissend, sind wir verschlossen, Weisheit öffnet uns. Manchmal sagen westliche Menschen: „Ich liebe dich" und meinen, ihr Herz sei offen für die andere Person. Wenn man aber emotional verschlossen ist und dann sagt: „Ich liebe dich", hat das nichts mit Öffnung zu tun. Wenn ihr wegen einer Person emotional aufgewühlt seid, heißt das noch lange nicht, daß ihr offen für sie seid. Offenheit bedeutet Verstehen, Einsicht, völlige Entwicklung. Hört auf eure innere Weisheit und nicht auf euren unklaren Geist.

Der Mensch Buddha

Wie läuft das praktisch? Traditionell visualisieren wir bei der Zufluchtnahme Buddha Shakyamuni in der meditativen Haltung der Befreiung vor uns im Raum. Wenn wir ein tibetisches Rollbild, ein Thangka, anschauen, spüren wir den Gleichmut in den Augen des Buddha. Wie jeder Aspekt seiner Sitzhaltung hat auch der Augenausdruck eine bestimmte Bedeutung. Man kann das Festhalten an einem konkreten Ich in den Augen erkennen, und die Augen des Buddha zeigen, daß er den dualistischen Geist hinter sich gelassen hat. Wenn ihr die Augen des Buddha visualisiert, weckt das ganz bestimmte Energien. Im Streit schauen wir angespannt. Habt ihr das schon einmal bemerkt? Wenn Menschen innerlich sehr unruhig sind, verändert sich ihr Blick, als ob ihre Augen hinter ihrem Kopf wären, und sie schließen die Augen auch auf eine bestimmte Weise. Unser innerer Zustand zeigt sich auf der körperlichen Ebene.

Buddha ist wie wir. Wir können uns in ihm erkennen. Er hat ein Gesicht, einen Körper, er ist ein Mensch. Er ist wie wir, und doch ist er vollkommen. Er hat das höchste Ziel erreicht und alle menschlichen Probleme aufgelöst. Wir sind körperliche Wesen, und andere Wesen mit Körper, Nase und allem Menschlichen sind uns sehr nahe. Zu einem solchen Wesen können wir Zuflucht nehmen. Ohne Vertrauen stellt unser negativer Geist unablässig alles in Frage, hindert uns an der Weiterentwicklung und macht uns nieder.

Der strahlend gelbe Lichtkörper des Buddha steht für Weisheit. Gelbes Licht beseitigt das Dunkel der Unwissenheit. Im Buddhismus visualisieren wir dieses Licht, um bestimmte Gehirnpartien zu aktivieren, sie aufzuwecken, Weisheit zu entwickeln.

Sammlung

Die Sitzhaltung des Buddha symbolisiert unzerstörbares Samadhi, auf deutsch Sammlung. Wir müssen Sammlung entwickeln, weil unser Geist nicht von selbst scharf genug ist. Er hat keinen Brennpunkt und durchdringt die Wirklichkeit nicht ganz. Buddhas Sitzhaltung verweist auf einen scharfen Geist. Viele Schülerinnen und Schüler fragen mich: „Ich meditiere schon so lange und habe immer noch viele Probleme." Meine Antwort lautet: „Ihr kommt nicht tief genug, ihr stoßt nicht hinter die Wolken vor und kommt nicht in Kontakt mit der Wirklichkeit. Ihr seid zu beschäftigt mit den Wolken, so daß euer Geist nicht durch sie hindurchkommt." Die Haltung des Buddha verweist auf unzerstörbares Samadhi.

Mit Samadhi erlangen wir Kontrolle über Körper und Erde. Im Buddhismus denken wir: Wenn wir unseren eigenen Geist beherrschen, können wir die Welt beherrschen. Das ist nicht im Sinne der politischen oder ökonomischen Weltherrschaft gemeint. Manchmal behaupten wir, Mitgefühl und Liebe füreinander zu empfinden, aber es stimmt nicht. Zuerst brauchen wir Selbstachtung und Mitgefühl für uns selbst, Selbsterkenntnis und Selbstbeherrschung; daraus können wir dann Mitgefühl für andere entwickeln.

Buddhas und Lebewesen

Wir visualisieren also den Buddha, aber es geht nicht um einen stofflichen Körper. Sein ewig glückseliger Geist, seine Weisheit, manifestiert sich vor uns im Raum in Gestalt eines strahlend gelben Lichtkörpers.

Denkt jetzt nicht: „Wie kann der Buddha im Raum sein? Er braucht doch sicherlich etwas, was ihn trägt." Buddha braucht keine Unterstützung. Hört auf zu denken, wenn ihr visualisiert, und macht euch keine Sorgen.

Visualisiert Guru Shakyamuni vor euch im Raum. Sein allwissender Geist schenkt euch glückselige Energie. Visualisiert um ihn herum Tausende von Buddhas, Bodhisattvas und Arhats und denkt über sie nach. Denkt ganz besonders an die Bodhisattvas der zehnten Stufe mit ihrer großen Weisheit, die alle Selbstsucht hinter sich gelassen haben.[4]

Auf eurer rechten Seite befindet sich der Vater, auf der linken die Mutter, vor euch die Feinde, die Menschen, die euch irritieren. Die Menschen, an denen ihr hängt und festhaltet, setzt ihr hinter euch. So sind alle Lebewesen um euch versammelt. Wir visualisieren sie um uns, weil uns das hilft, Gleichmut zu entwickeln und Selbstsucht zu überwinden. Solange wir glauben, es gehe nur um unsere eigene Befreiung, ist das immer noch fanatisch. Das verhindert die Befreiung. Visualisiert also alle Lebewesen, ohne jede Unterscheidung, auch Fische und Hühner und alles, was lebt. Nicht nur Wesen in diesem Sonnensystem, sondern auch in anderen Sonnensystemen. Im Buddhismus glauben wir, daß es Millionen und Abermillionen von Sonnensystemen im Weltall gibt und daß überall Wesen leben.

Inneres Gleichgewicht ist ungemein wertvoll, weil es immer Probleme im Leben gibt. Manchmal halten wir zu sehr fest, manchmal gibt es zuviel Haß, und die anderen Lebewesen haben die gleichen Gefühle. Wenn ihr das versteht, verändert sich alles in euch, und euer Bewußtsein verwandelt sich. Betrachtet euch selbst und überlegt: „Zahllose Leben habe ich das erlebt. In diesem Leben habe ich aus meiner engen Einstellung heraus verschiedenes getan und erlebt, jedes Mal hat es mir das Herz gebrochen, und nichts hat mich zufrieden gemacht." Denkt zuerst an eure eigenen Schwierigkeiten, dann an die anderen Lebewesen, und öffnet die Augen für sie. Sie haben die gleichen Schwierigkeiten wie ihr, wollen glücklich sein und nicht leiden, doch sie denken falsch, und tun das Falsche. Die Wurzel aller dieser Schwierigkeiten ist die Vorstellung von einem konkreten Ich. Wir sollten überlegen: „In diesem Leben will ich durch die Übung des Dharma Befreiung finden und nicht immer wieder das gleiche tun. Außerdem möchte ich anderen Lebewesen helfen. Zuerst muß ich daher all meine eigenen Schwierigkeiten ausräumen."

Reinigung mit Licht

Visualisiert alle Buddhas, Bodhisattvas und Arhats und auch den Lama, zu dem ihr Vertrauen habt und all die Wesen, die ihr möchtet. Von ihrem Scheitel strömt weißes Licht in euer Scheitelzentrum und in den Zentralkanal.[5] Es reinigt alle unkontrollierte körperliche Energie. Von ihrem Kehlzentrum strömt strahlend rotes Licht in eure Kehle, sinkt in euer Kehlzentrum und reinigt alle unkontrollierte Energie der Rede, und von ihrem Herzen strömt unendlich strahlend blaues Licht in euer Herz, sinkt in euer Herzzentrum und reinigt euch von aller Unentschlossenheit, von Zweifel und Unwissenheit. Dann strömen gleichzeitig weiße, rote und blaue Lichtstrahlen in euch und reinigen auch die allerfeinsten Eindrücke, die durch verwirrtes Handeln mit Körper, Rede und Geist entstanden sind.

Visualisiert dann, wie sich alle Buddhas, Bodhisattvas, Arhats und andere Wesen im Guru Shakyamuni in der Mitte auflösen. Er löst sich ebenfalls in Licht auf und sinkt durch den Zentralkanal in euer Herz, und ihr werdet eins mit Guru Shakyamuni mit Körper, Rede und Geist. Wenn ihr auf diese Weise Guru Shakyamuni in eurem Herzen auflöst, könnt ihr hin und wieder ein kleines gelbes Licht im Herzen visualisieren und sein Mantra TAYATA OM MUNI MUNI MAHA MUNAYE SOHA rezitieren. Visualisiert strahlendes Licht, das vom Mantra in euer Nervensystem strömt und euren Körper verwandelt. Das ist eine ausgezeichnete Meditationsübung.

Zuflucht ist ein sehr wichtiges Thema. Für mich ist das wichtigste im Leben, Vertrauen und Zufriedenheit zu entwickeln. Das ist der Weg zur Befreiung, ein sehr guter Weg.

Widmung

Eure Meditation dient nicht eurem Vergnügen; ihr widmet sie allen Wesen. So vermeidet ihr Überheblichkeit – und genau deshalb üben wir im Buddhismus das Widmen positiver Energie. Stolz auf die eigene Übung oder das eigene Wissen, schafft nur Probleme. Dann werden selbst religiöse Erfahrungen und Kenntnisse zu einem Hindernis auf dem Weg.[6]

Der Buddhismus lehrt, wie wir den Geist vollständig von allen Problemen des weltlichen Lebens befreien können. Wenn ihr am Buddhismus oder an Buddha festhaltet, seid ihr nicht frei. Der Buddhismus lehrt deshalb, wir sollten weder an der Religion, noch am Körper oder der eigenen Nase anhaften. Hingabe und das Widmen von Verdiensten sind daher sehr nützlich. Wir widmen unser Leben immer irgendwelchen Dingen; normalerweise sind unsere Ziele allerdings kurzgesteckt. Die Verdienste unserer Meditation widmen wir dem Wohl aller Wesen. Mögen sie alle Erleuchtung erreichen. Sinn und Zweck der Meditation ist nicht Belohnung, wie Schokolade oder Kuchen für kleine Kinder. Unser Ziel reicht weiter. Durch die Widmung entwickeln wir die Haltung des Bodhicitta, die Haltung des ganz großen Mitgefühls, das alle Vorstellungen und Begriffe übersteigt.

2 Entsagung, Bodhicitta, Leerheit

„Entsagung" und Freude – Bodhicitta – Positive und negative Weisheit – Alle Wesen wollen glücklich sein – Begrenzte Hingabe – Lebensqualität und Menschenwürde – Innerer Reichtum – Leerheit

Im tibetischen System des Buddhismus ist die Rede von drei Prinzipien auf dem Weg zur Erleuchtung; sie dienen der Vorbereitung auf die Praxis des Tantra. Die drei Prinzipien sind: „Entsagung", Bodhicitta und Shunyata.[7] Ich möchte sie alle kurz erläutern und zwar im Hinblick auf ihre praktische Anwendung.

„Entsagung" und Freude

Beim Stichwort Entsagung erschrecken westliche Menschen meistens: „Jetzt soll ich wohl in den Himalaya gehen und auf jedes Vergnügen verzichten." Entsagung bedeutet nur: Samsara entsagen. Und was bedeutet Samsara? Sich ständig ohne Kontrolle im Kreis drehen, ohne zu wissen, wie es anfing, wie es weitergeht und wie es enden wird. Dieser Weg ist dunkel und ohne Klarheit. Manchmal sind Sinnesfreuden wichtig. Aber wir sollten dabei nicht die Beherrschung verlieren, sondern glasklar bleiben und hinterher nicht schrecklich leiden. Dann ist es in Ordnung. Wenn Freuden aber Verwirrung, Enttäuschung und Leiden nach sich ziehen, dann sollten wir ihnen entsagen.

Der Buddhismus spricht gleichzeitig von Entsagung und von immerwährender Freude und Seligkeit. Wie paßt das zusammen? Entsagung bezieht sich ausschließlich auf Dinge oder Gegebenheiten, die Leid und Verwirrung vergrößern. Entsagung bedeutet nicht generell Verzicht auf bestimmte Dinge, andere Kleider anziehen und sich die Haare scheren. Entsagung kommt von innen, sie ist innere Weisheit, inneres Wissen. Ihr müßt selbst überprüfen, wieviel Selbstbeherrschung ihr habt und ob ein Mangel daran zu Leiden führt oder nicht. Ich kann euch nicht sagen: „Beherrscht euch." Das müßt ihr selbst tun. Die buddhistische Psychologie funktioniert nicht über Befehle. Ihr selbst seid verantwortlich für eure Einstellung und für euer Handeln. Es geht um eure Entscheidung, euer Verständnis, eure Befreiung, eure Erfahrung. Wir entsagen allem, was zu Negativem führt, zu Leid oder Unglück. Das können Personen oder bestimmte Gegenstände sein, aber auch eine Blume oder ein Stück Holz. Wenn unser Geist extrem nach etwas verlangt oder festhält, führt das zu negativen Reaktionen, zu Neurosen und seelischen Krankheiten. Wir kennen das alle. Deshalb überprüfen wir uns Tag für Tag mit einer kleinen Meditation, das hält unseren Geist gesund. Dabei schauen wir in uns und sorgen so für eine gute geistige Verfassung.

Bodhicitta

Zahllose Leben waren wir nur mit uns selbst beschäftigt. Immer ging es nur um eins: um uns selbst. Ihr sagt vielleicht zu einem guten Freund oder einer guten Freundin: „Ich liebe dich. Ich tue alles für dich. Ich sterbe für dich." Es gibt aber auch Situationen, wo ihr sagt: „Laß bitte mich aus dem Spiel." Der Geist ist sehr schlau. Er sagt: „Ich tue dies und das für dich aus Liebe", der große Test ist aber dann die konkrete Situation. Solange wir an unserer Persönlichkeit hängen, stehen wir selbst an erster Stelle. Sogar wenn ihr glaubt, jemanden mehr als euer Leben zu lieben, klebt ihr dann doch aus Angst bloß an euch selbst. Ihr kennt das alle. Dieses „Ich, ich, ich" ist zuviel „Ich". Das ist der Stil des Ich, das glaubt, es sei konkret. So hält es fest, und so interpretiert es die Welt. Dieses „Ich" ist so schlau, es führt euch in die Irre, es verwirrt und treibt in die Enge.

Positive und negative Weisheit

Es gibt zwei Arten von Weisheit, positive und negative. Nach buddhistischer Lehre spielen wir zeitlebens Spielchen miteinander. Kinder spielen miteinander und foppen sich, Erwachsene genauso, bloß weil unser „Ich" klug ist und eine gewisse Weisheit besitzt. Ein gutes Beispiel dafür ist die Politik. Politik ist Samsara hoch zehn. Alle wissen das, es ist offensichtlich. Ich habe keine politische Erziehung genossen, doch wo ich auch hinkomme, sehe ich das gleiche. Wenn ich mir die Realität anschaue und dann das, was in der Politik geschieht, erscheinen mir die Politiker völlig verwirrt. Sie sind aber auch schlau und können problemlos Tausende von Menschen manipulieren und in die Irre führen. 1978 hat der Amerikaner Jim Jones mehrere hundert Menschen dazu gebracht, sich mit Gift das Leben zu nehmen. Man braucht sehr viel negative Weisheit, um so viele Menschen zum Selbstmord zu überreden. Negative Weisheit hat sehr viel Macht.

Das Problem der Menschen sind die Vorstellungen von einem festen Wesenskern, dem „Ich". Unsere Anhaftung sitzt sehr tief, und nur mit tiefer Weisheit können wir sie beseitigen. Wer versteht, wie sich Anhaftung in diesem Leben entwickelt hat, kann ihre Kraft erkennen und ihr stetiges Wachstum. Sie behindert die eigene Entwicklung, und man selbst wird dadurch immer enger. Es fällt uns Menschen so schwer, uns miteinander zu verständigen, weil wir anhaften. Überprüft eure eigenen Erfahrungen in der Meditation. Schaut eure Anhaftung an und das Leid, das dadurch entsteht. Wir nennen solch ein gezieltes Beobachten und Denken analytische Meditation oder Prüfmeditation.

Bei diesen Prüfmeditationen sitzt man nicht in einer formellen Haltung. Bleibt beim Aufstehen einfach bewußt und wach. Um unseren engen Geist zu öffnen, müssen wir eine erleuchtete Einstellung, Bodhicitta, entwickeln. Bodhicitta schafft Raum in unserem Bewußtsein: Ihr gebt allen Menschen Raum in eurem Bewußtsein, dann bereiten euch Menschen keine Probleme mehr. Dann sind alle Menschen auf dieser Erde und auf anderen Planeten, alle Lebewesen im ganzen Universum eine Quelle der Erleuchtung, der Anstoß für eure Entwicklung. Betrachtet die Menschen und Dinge von dieser Warte aus. Dann gehen sie euch nicht mehr auf die Nerven.

Alle Wesen wollen glücklich sein

Liebe und Mitgefühl der Erleuchteten sind nicht gleichzusetzen mit gewöhnlichen Emotionen. Sie haben etwas zu tun mit der grundlegenden Natur der Wirklichkeit, mit dem Wissen um die Wirklichkeit der Menschen. „Ich möchte Glück erleben und kein Leid, und zwar in jeder Lebenslage. Das geht nicht nur mir so, alle Lebewesen im Weltall haben diesen Wunsch. Es gibt also keinen Grund, Unterschiede zu machen." Wir sehnen uns zwar alle nach Glück, doch ziehen unsere negativen Einstellungen immer wieder Leiden nach sich. Ihr haltet euch alle für intelligent, und doch prügelt ihr 24 Stunden am Tag auf euch ein. Natürlich nicht körperlich, aber unser Geist häuft unablässig Unsinn an, und so sind wir vierundzwanzig Stunden am Tag irritiert und unzufrieden. Wir müssen uns befreien vom Geist, der festhält, vom „Ich", von Verlangen, Haß und Wut. Das ist unsere Aufgabe. Wenn ein Wesen diese Probleme hinter sich gelassen hat, sprechen wir von Erleuchtung.

Alle Lebewesen haben das Recht, ihre höchste Bestimmung zu verwirklichen. Sie dabei zu unterstützen ist die beste Hilfe. Das ist das Wichtigste. Bis wir dazu in der Lage sind, können wir auf eine oberflächliche Weise helfen: Wenn jemand Kaffee möchte, geben wir ihm oder ihr Kaffee, und wer Tee möchte, bekommt Tee. Erleuchtung kommt, wenn sie kommt. Zu sagen: „Ich helfe dir nicht, aber ich führe dich zur Erleuchtung", ist ein bißchen arrogant. Helft so gut ihr könnt, wie die Hilfe auch aussehen mag. So wacht ihr immer mehr auf, entwickelt euch und könnt schließlich andere zur Erleuchtung führen. Widmet euer Leben diesem Ziel.

Begrenzte Hingabe

Häufig ist unsere Orientierung, unsere Hingabe an einen Weg ziemlich wirr. Wir schmeicheln lediglich uns selbst, wenn wir jemand glücklich machen wollen. Meist decken wir einander mit einem Mantel ignoranter Projektionen zu und versuchen dann glücklich zu sein. Wir tun das, weil unsere Hingabe nicht tief genug ist.

Wir haben Schwierigkeiten miteinander, weil unsere Hingabe begrenzt und unsere Ziele kleinkariert sind. Wir denken zu einfach, zu primitiv. Die sogenannten primitiven Völker leben und denken m. E. viel tiefer als westliche Menschen. Das gilt für ihre Einstellung zum Leben, ihre Selbstachtung, ihren Respekt füreinander. Ich habe einen Teil meines Lebens in Nepal verbracht. Vom Standpunkt eines Landes mit dem Standard des zwanzigsten Jahrhunderts ist Nepal ein primitives Land, doch die Nepalesen verstehen etwas von Menschenwürde, von Lebensqualität. Ich kann das ohne Übertreibung sagen. Ich habe das Gefühl, daß diese Menschen glücklicher und zufriedener mit den kleinen Dingen des Lebens sind, mit ihrer Lehmhütte und mit dem, was sie essen und trinken: morgens Reis mit Linsen und ein Fladenbrot und dazu eine Tasse Schwarztee ohne Milch, und das gleiche mittags und zum Abendessen wieder.

Lebensqualität und Menschenwürde

Ich bin ein skeptischer Mensch. Sechs Monate im Jahr verbringe ich mit meinen westlichen Schülerinnen und Schülern und lebe wie sie, und sechs Monate lebe ich in Asien wie die armen Nepalesen. Ich kann ihre Freude sehen. Diese armen Menschen sind glücklich. Die Menschen im Westen brauchen mehr Verständnis für die inneren Qualitäten. Erst dann haben sie den inneren Raum, sich für alle Lebewesen zu öffnen, und dann können sie die innere Natur verstehen. Ich verwende den Begriff Bodhicitta oder Erleuchtungsgeist, ihr könnt das aber auch mit euren Begriffen ausdrücken.

Ich will damit sagen, daß begrenzte Beziehungen, begrenztes Geben und begrenzte Hingabe nicht besonders gut sind. Das ist eben Samsara. Wir können tiefer gehen. Der Buddhismus zeigt uns, daß es für Menschen besser ist, ihr Herz sperrangelweit zu öffnen, so daß wir mit jedem Schritt unserer Entwicklung tiefer gehen können. Menschen brauchen viele Leben, um die Ganzheit ihrer Natur zu verstehen. Buddhisten glauben, daß die Wirklichkeit der Menschen Shunyata ist, Leerheit. Damit beschreibt der Buddhismus die nachprüfbare Tatsache, daß die menschliche Wirklichkeit allumfassend ist. Wenn ihr meditieren lernt, euer Denken und Handeln überprüft und Tantra übt, erforscht ihr stets eure eigene Wirklichkeit. Das ist wunderschön, sehr anspruchsvoll und überhaupt nicht langweilig. Ihr könnt soviel Sinnvolles tun. Ihr braucht euch nicht einsam und nutzlos zu fühlen.

Innerer Reichtum

Meist meint unser schlichter Geist, die anderen seien Ursache für unser Leiden: „Wegen dir geht es mir schlecht." Ich glaube schon, daß uns die Energie anderer verletzen kann, doch Weise sind selbst dann dankbar, wenn ihnen jemand Schmerzen bereitet: „Das ist ein guter Test für mich. Mal sehen, was ich damit anfange, ob ich damit angemessen umgehen kann." Auf diese Weise lernen wir. Es ist einfacher, in einer Höhle zu sitzen und abzuheben als mit unserem Leben fertig zu werden. Wenn es schwierig wird, habt ihr die Chance, etwas zu lernen und zu verstehen. Der Dalai Lama sagte immer wieder, die Schwierigkeiten, die die Chinesen den Tibetern bereitet haben, seien eine große Hilfe und Herausforderung gewesen. Selbst wenn euch jemand aus eurer Wohnung wirft und ohne Nahrung und Kleidung auf die Straße setzt, könnt ihr euch selbst dafür noch bedanken, falls ihr so eingestellt seid. Diese Art des Denkens hat ihre eigene Schönheit. Auch ohne Geld wißt ihr euren inneren Reichtum zu würdigen und kommt mit dem Leben zurecht. Mit der erleuchteten Einstellung von Bodhicitta lernt ihr allmählich, die alltäglichen menschlichen Probleme zu meistern.

Die erleuchtete Einstellung des Bodhicitta ist sehr wichtig. Ich erkläre euch jetzt nicht im einzelnen, wie man diese Haltung entwickelt, das wird in den Lehren zum Stufenweg, im Lamrim, ausführlich beschrieben.[8] Wenn ihr euren Geist diesem Denken öffnet, versetzen euch kleine Dinge nicht mehr in Unruhe. Die erleuchtete Haltung ist die befreite Haltung. Sie ist ein Ausdruck des Geistes, sie wartet nicht irgendwo im Raum auf uns. Bodhicitta ist sehr nützlich, es löst all unsere Symptome der Anfhaftung, alle Arten von fanatischem Denken auf.

Leerheit

Wollen wir völlig frei werden, reichen Entsagung und Bodhicitta nicht, wir müssen Nicht-Zweiheit, Shunyata verstehen. Alles, was es gibt, können wir auf verschiedenen Ebenen in seiner Ganzheit verstehen. In der buddhistischen Philosophie gibt es vier Schulen, und sie beschreiben die Ganzheit der Menschen auf unterschiedliche Weise.[9] Das ist wie in der westlichen Philosophie. Eine dieser Schulen zu verstehen genügt. Beispielsweise geht die Cittamatrin-Philosophie davon aus, daß alle Objekte, die wir mit unseren Sinnen wahrnehmen, Manifestationen unseres Geistes sind. Das ist zwar nicht die höchste Erklärung für Shunyata, doch eine sehr brauchbare. Meist erfinden wir irgendetwas und interpretieren nachher alles auf eine bestimmte Weise. Einsicht in Shunyata hilft uns, das zu durchschauen.

Die drei Prinzipien – Entsagung, Bodhicitta und Shunyata – sind grundlegende Voraussetzungen für die Beschäftigung mit Tantra. Sich lange überlegen, wieviel man davon verwirklicht hat, ist überflüssig. Ein gewisses Maß an Einsicht, Liebe und Mitgefühl und Entsagung habt ihr nämlich alle: Ihr wißt, daß heftiges Verlangen und Festhalten nicht gut für euch sind, genauso wenig wie Anhaftung, die ausschließliche Beschäftigung mit euch selbst und mangelnde Wertschätzung anderer. Auch grundlegendes menschliches Mitgefühl und einfache menschliche Liebe haben wir alle, selbst der schlechteste Mensch. Auf einer bestimmten Ebene können wir auch alle zwischen richtigen und falschen Vorstellungen unterscheiden. Unsere Voraussetzungen sind also gar nicht so schlecht.

3 Tara-Tantra

Tara Energie: Intuition und Erfolg – Zu Tara werden – Begrenzte Ichvorstellungen und göttlicher Stolz – Nicht-Zweiheit und Freude – Buddha und ich – Freude und Weisheit – Körper und Geist

Es gibt vier Tantra-Stufen, die einen Weg zur Erleuchtung beschreiben, analog dazu, wie die vier Schulen der Philosophie an die Einsicht in Leerheit heranführen. Hier geht es um die erste Stufe, das Kriya- oder Handlungs-Tantra.[10]

Tara-Energie: Intuition und Erfolg

Beim Tantra versuchen wir zuerst die Qualitäten der Gottheit zu verstehen. Aus diesem Verständnis heraus beziehen wir uns dann auf sie. Hier beschäftigen wir uns mit Tara. Wer oder was ist Tara? Tara ist ein weiblicher Buddha, eine Erleuchtete. Buddha haben zwei Aspekte: Weisheit und Methode. Tara ist der Weisheitsaspekt eines oder einer Buddha. Sie verkörpert die weibliche Energie der Intuition, der spontanen Großzügigkeit und des Erfolgs. Tara ist nicht einfach eine Frau, mit der ihr euch identifizieren müßt. Tara ist eine Frau, die Buddha wurde. Sie ist Buddha. Sie ist eine erleuchtete Frau, die uns vollständig von Leidenschaft, Anhaftung und dem Festhalten an einem Ich befreit. Sie ruht vollständig in immerwährender Glückseligkeit.

Um in der Welt erfolgreich zu sein, brauchen alle Menschen weibliche Energie, auch Männer. Alle großen indischen Mahayana-Heiligen übten zeitweilig Tara-Praxis. Im tantrischen Buddhismus heißt es, daß wir zur Erleuchtung unbedingt weibliche Energie brauchen. Das bekannteste Beispiel weiblicher Energie in Tibet ist die Grüne Tara. Bei uns heißt es, ohne Tara-Energie kann man keine Erleuchtung erreichen.

Die Überlieferung erzählt, daß es in Indien einmal eine Frau – die spätere Tara – gab, die den Entschluß faßte: „Ich werde kein Frühstück einnehmen, bevor ich nicht Millionen Wesen zur Erleuchtung geführt habe. Ich werde kein Mittagessen einnehmen, bevor ich nicht Millionen Wesen zur Erleuchtung geführt habe." Diese Wunschgebete gingen in Erfüllung. In kurzer Zeit hatte sie sehr viele Wesen zur Erleuchtung geführt, deshalb erhielt sie den Namen Tara – Tara bedeutet „Befreierin". Als Tara den Punkt erreicht hatte, wo sie Einfluß auf ihre künftige Wiedergeburt nehmen konnte, sprach sie das Wunschgebet: „Möge ich in allen Leben als Frau wiedergeboren werden und alle Lebewesen befreien, indem ich sie zur Erleuchtung führe."

Tibeter sind überzeugt, daß Tara-Praxis den schnellsten Erfolg bringt. Im Tara-Sutra heißt es: „Wenn du einen Sohn oder eine Tochter bekommen oder Reichtum erwerben möchtest, so kannst du das durch die Tara-Praxis erlangen und alles andere auch." Immer wenn Tibeter Schwierigkeiten haben, machen sie eine Tara-Puja. Dann rechnen sie damit, daß sie ihre Probleme erfolgreich lösen können. Das funktioniert, und viele Tibeter haben das selbst erfahren. Ich bin sicher, daß sich daran nichts ändert, wenn die Praxis nach Kanada kommt. Ich hoffe es und bin eigentlich sicher.

Zu Tara werden

Tantra hat mit der Umwandlung unserer Energien zu tun. Wir brauchen viel Umwandlung, wenn wir frei werden wollen.

Warum? Wir neigen zu sehr begrenzten Selbstbildern, zu bestimmten Stimmungen und Haltungen: „Ich bin so, weil ich mich so fühle." Mit der Tara-Praxis verwandeln wir unser Bewußtsein in die Gottheit. Das ist die effektivste Methode, ein enges Selbstbild aufzulösen. Darin ist Tantra einzigartig. Zuerst müssen wir Tara und ihre Eigenschaften verstehen und uns dann in sie verwandeln, uns mit ihren göttlichen Eigenschaften gleichsetzen, statt mit unseren Minderwertigkeitsgefühlen. Ihr braucht Geschick und Mut, wenn ihr euch mit Buddha gleichsetzen wollt. Ohne Einsicht in Shunyata geht das nicht. Die Praxis der Gottheit hilft euch, eure konkrete Vorstellung von einem Ich aufzulösen.

Dazu möchte ich euch eine Geschichte erzählen. Einst hatte der tibetische Meister Lama Tsongkhapa eine Vision von Manjushri, dem Buddha der Weisheit. Er fragte ihn, was er tun müsse, um Shunyata zu verwirklichen. Manjushri antwortete ihm, er solle Guru-Yoga üben, also mit Guru und Gottheit einswerden, Reinigungsübungen durchführen und stets die absolute Wirklichkeit erforschen. Diese drei gelte es zu üben, wenn man Shunyata verwirklichen wolle. Die Praxis der Gottheit ist ein Weg, uns Shunyata nahezubringen.

Was ist nun gemeint mit dem Ausdruck, wir „verwandeln" uns in die Gottheit? Werden meine Knochen grün oder mein Blut? Sicherlich nicht. Wir haben bereits über Körper und Geist gesprochen. Ihr habt einen stofflichen und einen geistigen Körper. Der geistige Körper ist der Geist, und diesen könnt ihr in grün strahlendes Licht verwandeln. Worum geht es dabei? Wer im Alltag seine Haltung verändert, wird ein anderer Mensch, das kennen wir alle. Mit unserer Einstellung verändert sich unser Denken. Seid ihr wütend, seht ihr anders aus als wenn ihr friedlich seid. Ein verändertes Bewußtsein zeigt sich auch körperlich. Wir treten dann anders auf und sind anders.

Begrenzte Ich-Vorstellungen und göttlicher Stolz

Wenn sich der geistige Körper in grünes Licht verwandelt, beseitigt das die gewöhnliche Auffassung des Ich, das begrenzte, von Minderwertigkeitsgefühlen geprägte Bild, mit dem man sich gewöhnlich verwechselt: „Ich kann nur dies und das. Zu mehr bin ich nicht in der Lage." Eine solche Auffassung setzt den Menschen unglaubliche, geradezu lächerliche Grenzen. Tantra ist deshalb so effektiv, weil es wirksame Methoden und Techniken zur inneren Entwicklung des Menschen besitzt.

In der Psychoanalyse heißt es, wir brauchen ein Ich. Ihr werdet dazu ermuntert, ein Ich aufzubauen, weil ihr ohne Ich keinen Erfolg habt und euch der Welt nicht stellen könnt. Diese Einschätzung hat etwas für sich. Der Buddhismus nähert sich dem Thema von der anderen Seite: Im Buddhismus heißt es, wir müssen die begrenzte Ich-Vorstellung loswerden, in ihr liegt unser Problem als Menschen. Im Gegensatz zur Psychoanalyse genießt daher das Ich im Buddhismus keinen guten Ruf.

Allerdings sprechen wir im Tantra von göttlichem Stolz. Der göttliche Stolz entwickelt sich daraus, daß wir unsere göttlichen Qualitäten, unsere Würde entdecken. Doch ein Ich im Sinne einer festen Ich-Vorstellung ist vom Standpunkt der buddhistischen Philosophie ein Trugbild, eine Zuschreibung.[11] Das wird natürlich nicht so hoch bewertet.

Nicht-Zweiheit und Freude

Im Tantra heißt es nie, man solle sich nicht freuen, ganz im Gegenteil. Tantra lehrt uns allerdings, wie wir Freude als Weg zur Erleuchtung nutzen können. Der Unterschied zwischen Sutra und Tantra liegt in der Einschätzung von Freude. In den Sutren und auch im Stufenweg zur Erleuchtung, Lamrim, heißt es, Freude ziehe Leiden nach sich oder verschlimmere es sogar. Im Tantra dagegen wecken wir Gewahrsein, und dieses Gewahrsein verwandelt Freude in transzendente Glückseligkeit. Das ist der Unterschied. Bei gewöhnlicher Freude verlieren wir das Verständnis für die Wirklichkeit, unsere Klarheit.

Auf dem tantrischen Weg erkennen wir die nicht-dualistische Natur der Freude und all ihrer Objekte; wir entdecken die Ganzheit. Dann reagieren wir nicht mehr wie besessen. Westliche Menschen wollen soviel Freude wie möglich erleben, nicht wahr? Es ist daher sehr wichtig, daß ihr lernt, diese Freude geschickt in Weisheit zu verwandeln. Erst wenn ihr die nicht-dualistische Natur der Freude entdeckt, zieht sie kein Leiden nach sich und keine Verwirrung. Gerade für westliche Menschen ist diese Einsicht wichtig.

Wenn man das eigene Bewußtsein in die Gottheit verwandelt, sollte man das Schwergewicht auf den göttlichen Stolz legen: „Ich bin diese Ganzheit. Ich bin vollständig entwickelt." Mit einer konkreten Ich-Vorstellung redet ihr euch nämlich unablässig ein, wie bedauernswert und begrenzt ihr seid. So erkennt ihr eure guten Eigenschaften gar nicht. Das ist das Schlimmste. Wenn ihr euch dafür entscheidet, Abschaum zu sein, dann werdet ihr auch zu Abschaum. Im Buddhismus ist es so: Wenn ihr euch für den schlechtesten Menschen auf Erden haltet, so werdet ihr zum schlechtesten Menschen auf Erden. Warum? Weil ihr euch so entschieden habt. Der Geist ist die wirkliche Kraft in euch, nicht das Bein, nicht die Nase und auch nicht materielle Dinge. Die Macht der Materie kommt vom Geist. Der habgierige Geist schafft gefährliche Umstände, die unsere Umwelt und uns selbst zerstören können. Mit unserem habgierigen Geist zerstören wir uns selbst. Dazu setzen wir alle unsere Fähigkeiten ein.

Buddha und ich

Setzt euch mit der Gottheit gleich, mit einem vollständig entwickelten Wesen, und entwickelt göttlichen Stolz. Damit überwindet ihr euer begrenztes Selbstbild. Wenn ihr alle freudigen Erfahrungen als nicht-dualistisch erkennt, wird Freude zu Weisheit. Das Schöne und Einzigartige am Tantra ist: Wenn wir uns freuen, entsteht noch mehr Weisheit und Licht. Manche glauben, Vollkommenheit existiere irgendwo oben im Himmel und meinen: „Ich bin unvollkommen, ein sündiger Mensch, ein negativer Mensch, und Vollkommenheit gibt es nur dort oben im Himmel." Diese Haltung ist dualistisch und verkehrt.

Der Buddhismus sagt, alle tragen vollkommene Eigenschaften in sich. Ist das Bewußtsein eins geworden mit der Erleuchtungserfahrung, hat ein Buddha die Kraft, falsche Unterscheidungen aufzulösen, so auch die Vorstellung, man sei ein armer Mensch hier unten im Sumpf, und Vollkommenheit wäre irgendwo oben zu finden. Unsere Ganzheit und die des Buddha sind eins. Es gibt keinen Unterschied zwischen seiner Leerheit und der Leerheit unseres Bewußtseins. Trotzdem sind wir nicht Shakyamuni Buddha. Der Unterschied zwischen uns und einem Buddha besteht darin, daß die Wolken der Ich-Vorstellungen unser Bewußtsein trüben, für den Buddha der Himmel aber immer blau ist. Buddha-Bewußtsein und unser Bewußtsein unterscheiden sich nicht grundlegend. Die wahre Natur unseres Geistes ist wie der blaue Himmel. Seine Ganzheit war immer strahlend blau wie der Himmel, sie ist immer strahlend blau, und sie wird immer strahlend blau sein. Der Unterschied zu einem Buddha ist, daß bei uns manchmal Wolken auftauchen. Sie sind aber nicht eins mit dem Himmel. Der blaue Himmel unseres Bewußtseins und die Wolken unseres dualistischen Denkens unterscheiden sich in ihrem Wesen.

Das stimmt selbst auf einer relativen Ebene. Wenn ihr euch Güte und Ehrlichkeit zutraut und versucht, niemandem weh zu tun und anderen so weit wie möglich zu helfen, dann lebt ihr auch danach. Selbst wenn ihr es noch nicht wirklich könnt, sondern bloß darauf vertraut, daß ihr ein guter Mensch seid. Haltet ihr euch hingegen für durch und durch schlecht – nach dem Motto: „Ich bin ein schlechter Mensch, ich helfe niemandem, mein Leben hat keinen Sinn."–, dann könnt ihr auch nichts zuwege bringen. Unser Leben ist Ausdruck unseres

Geistes. Es ist daher sehr wichtig, gute Eigenschaften und Vollkommenheit in uns zu erkennen, nicht nur im Hinblick auf die Erleuchtung, sondern für unser ganzes Leben: für inneres Wachstum, Glück und ein Leben in Freiheit und Würde als Menschen in der Welt.

Freude und Weisheit

Das Prinzip des Tantra ist leicht zu verstehen, die Praxis hingegen ist nicht einfach. Wie verwandelt man Freude in Weisheit? Wir müssen es geschickt anfangen, wenn wir freudige Erlebnisse in intensives Gewahrsein verwandeln wollen. Vom tantrischen Standpunkt aus sollten wir jedes Mal, wenn wir uns freuen, bereit sein, dabei Weisheit, Ruhe, Frieden und Zufriedenheit zu fördern. Bei jedem Glücksgefühl und jeder Freude schafft ihr dann das Karma für noch mehr Zufriedenheit und noch mehr Glück, und eine bessere Konzentration. Seid ihr dagegen unzufrieden, hat das noch mehr Unzufriedenheit und Leid zur Folge. So funktioniert bedingtes Entstehen auf der psychischen Ebene. Ein freudiger Geist ist nicht so beschäftigt und nicht ständig auf der Suche nach dualistischer Freude. Wir bleiben bei der Sache, der Geist wird immer schärfer und kann Wirklichkeit, Ganzheit und Leerheit verstehen.

Viele Menschen fühlen sich schuldig, wenn es ihnen gut geht, z.B. wenn sie Ferien machen: „Ich mache mir eine schöne Zeit, während andere leiden." So denke ich nie. Seid dankbar, wenn ihr euch freut und wenn ihr anderen Freude bereitet. Wenn es euch gut geht, ist das Folge eures guten Karmas, Folge einer guten Einstellung und guter Gedanken. Erkennt das und freut euch über euer gutes Karma. Das ist besser als Schuldgefühle entwickeln.

Der tantrischen Philosophie zufolge sollten Menschen so häufig wie möglich glücklich sein und diese glückselige Energie mit transzendenter Weisheit und intensivem Gewahrsein verbinden. Wenn das geschieht, kommt ihr schnell voran auf eurem Weg. Die tantrischen Unterweisungen handeln vom ganzen Leben. Sie lehren uns, wie wir morgens aufstehen und abends einschlafen, wie wir essen und trinken sollen. Manche westliche Menschen haben eine sehr negative Einstellung zum Essen, sie empfinden sich häufig als Hungergeist: „Ich esse immer weiter, dabei habe ich gar keinen Hunger." Das Tantra empfiehlt euch in einem solchen Fall: Seht euch als grün strahlende Lichtgestalt und bringt euch selbst als Tara das Essen dar. Eßt mit Gewahrsein, das macht euch zufrieden und vergrößert eure Glückseligkeit. Wenn ihr so eßt, fördert das die Verdauung, und ihr fühlt euch auch körperlich wohler. Mit einer negativen Haltung essen führt zu Verdauungsstörungen.

Tantra wird als der schnelle Weg zur Erleuchtung bezeichnet. Warum? Wenn wir in jeder Situation – angenehm oder unangenehm – unsere Gefühle in glückselige Weisheitsenergie verwandeln können, wird alles zu einem Weg zur Befreiung oder Erleuchtung. Gehen wir also an die Arbeit.

Körper und Geist

Neben dem stofflichen Körper gibt es also einen psychischen Körper, einen Bewußtseins- oder Lichtkörper. Ihr kennt vielleicht die Experimente russischer Wissenschaftler mit Pflanzen, die Kirlianfotografie. Sie haben vielen Pflanzen ein Stück Blatt abgeschnitten und danach das restliche Blatt mit einem Spezialfilm fotografiert. Auf dem Foto sah man immer noch das Energiefeld des abgeschnittenen Teils. Das ist ein wissenschaftlicher Beweis für den Energiekörper; es handelt sich also nicht nur um einen religiösen Glaubenssatz. Jedes Lebewesen, ja sogar jede organische Energie besitzt einen materiellen und gleichzeitig einen Lichtkörper. Wenn ihr das nicht versteht, tut ihr euch schwer mit der Vorstellung, euren Körper in den grünen Lichtkörper von Tara zu verwandeln. Der geistige Körper ist eine Manifestation eures Bewußtseins und gleicht einem Regenbogen. Bei der Tara-Praxis könnt ihr einen grün strahlenden Lichtkörper in euch visualisieren. Er ist ein Teil von euch.

4 Die Übung

Großzügigkeit – Das Mandala – Einschlafen – Träume – Aufwachen – Achtung vor dem Körper – Die Auflösung – Gedanken und Bilder – Göttlicher Stolz – Die Mondscheibe – Mantra und Licht – Atemübungen – Flamme und Klang – Tara im Herzen – Üben, üben, üben

Wer eine Tage oder Wochen dauernde Tara-Praxis durchführen möchte, richtet einen besonderen Meditationsraum oder -ort her und räumt schön auf, so daß nichts Überflüssiges herumsteht. Man reinigt ihn sehr gründlich und versieht ihn mit Düften, mit Parfüm, Sandelholz, Jasmin oder ähnlichem. Wann immer man den Raum betritt, empfindet man ihn als sauber und rein, das weckt Mitgefühl, Weisheit und transzendente Glückseligkeit. Es tut sehr gut.

Großzügigkeit

Bei einer Meditation wie der Tara-Praxis empfiehlt es sich, eine gewisse Struktur einzuhalten. Zu Beginn jeder Sitzung könnt ihr symbolisch etwas Wasser oder Tee darbringen. Das fördert die Großzügigkeit. Viele Menschen halten sich für geizig. Großzügigkeit oder Wohltätigkeit beziehen sich nicht nur auf milde Gaben für die Hungernden. Es bedeutet ganz allgemein schenken, darbringen, etwas geben. Mutter Tara hat weder Hunger noch Durst, doch alle Sinnesobjekte wecken glückselige Energie. Immer wenn ihr Gaben darbringt, so erkennt dieses Tun als glückselige transzendente Erfahrung. So fördert Geben Einsicht. Diese Psychologie funktioniert großartig, wenn ihr das Geben auch tatsächlich übt und beispielsweise Früchte darbringt. Keine Angst, Tara oder Buddha werden sie schon nicht verspeisen, ihr könnt sie am nächsten Tag selbst essen.

Wer denkt: „Ich bin großzügig, weil ich stets sehr viel gebe", erhebt sich über andere. Wir können unsere Großzügigkeit aber immer weiterentwickeln, denn sie ist die Lösung für den knauserigen Geist. Im Buddhismus bedeutet Geben nicht einfach etwas Materielles geben, und dabei eine bestimmte Wirkung erwarten. Das wäre nämlich schlichter Handel. Erst wenn ihr keinen äußerlichen, materiellen Gegenwert erwartet, lösen sich Verspannungen und der enge Geist auf. Geben tut gut, wenn ihr versteht, daß alle Gaben wie Licht, Blumen und dergleichen in ihrem Wesen transzendente, glückselige, nicht-dualistische Weisheit sind. Weisheit manifestiert sich in äußeren Dingen wie der Mond sich im Wasser spiegelt. Eine Blume ist nicht bloß äußerlich schön. Betrachtet sie als Taras Manifestation, als Ausdruck des immerwährend glückseligen Geistes – und bringt sie dar. Das ist der tantrische Weg.

Es heißt, was uns schlecht und widerlich schmeckt, schenkt Shakyamuni Buddha unglaubliche Glückseligkeit. Deshalb kann man die Einsichten einer Person an der Fähigkeit überprüfen, ob sie widerliche Substanzen genießen kann oder nicht. Die Tradition nennt das den Test des Buddha Maitreya.[12]

Wir alle leben auf dieser Erde. Manche Menschen freuen sich an ihrem Dasein, sie lieben die Erde und alles Schöne. Für manche bedeutet das Leben in diesem Körper auf dieser Erde Leid. Wir leben auf der gleichen Erde, und doch unterscheiden sich unsere Gefühle und Erfahrungen. Der Buddhismus sagt, die Wirklichkeit ist nicht in einer objektiven Außenwelt zu finden, sondern manifestiert sich aus eurem Bewußtsein. Eine schöne Welt ist diesen Lehren zufolge eine Manifestation eines „schönen", eines reinen, eines befreiten Bewußtseins. Manche Menschen versetzen mich in Erstaunen: Sie freuen sich nie über Blumen, über die Sonne oder den Mond. So geht Sinn verloren, Bewegung, Leben. Das wäre vorerst alles zum Thema Großzügigkeit und Geben. Seid euch also klar, was ihr macht, und bringt Gaben dar.

Das Mandala

Bei einer Einweihung verwandeln wir den Raum in ein Mandala, in den Palast der Gottheit. Wenn ihr zuhause meditiert und euch unwohl fühlt, könnt ihr euch vorstellen, Wände, Boden und Decke seien aus unzerstörbarer Energie gemacht; damit erschafft ihr ein sogenanntes Vajra-Haus. Ein Vajra ist unzerstörbar wie ein Diamant. Nichts kann die Wände eines Vajra-Hauses durchdringen, keine Energie kann hereinkommen oder nach draußen dringen. Psychologisch gesehen, fühlt ihr euch absolut sicher darin. Viele Gottheiten haben eine Pyramide im Mandala. Sie steht für kraftvolle Energie, die uns hilft, Weisheit zu entwickeln. Visualisierungen haben eine starke psychologische Wirkung auf unser Befinden. Manche Meditierende können deshalb ohne Waffen im Dschungel leben. Tiger und andere wilde Tiere greifen sie nicht an und fügen ihnen keinen Schaden zu. Vermutlich visualisieren diese Yogis und Yoginis etwas Derartiges.

Wahrscheinlich habt ihr gehört, daß sich manche Menschen unsichtbar machen können. Ich habe das zwar noch nie direkt erlebt, doch ich kann es mir gut vorstellen. Wenn ich mich mit großer Kraft als unsichtbar vorstelle, wird diese Vorstellung Wirklichkeit. Ihr habt sicher auch davon gehört, daß manche Menschen nach dem Tod als Geist zurückkehren. Das sind entweder Vorstellungen eures Geistes oder des Geistes der Verstorbenen. Sie träumen sozusagen, daß sie ihr Haus betreten und ihre Dinge berühren. Mir leuchten solche Dinge ein. Wenn ihr euch während der Meditation schlecht fühlt, verwandelt den Raum in ein Mandala. Dann könnt ihr euch besser konzentrieren und euer Geist spielt nicht mehr mit sich selbst Jojo.

Einschlafen

Es werden zwei Arten des Einschlafens empfohlen. Die erste geht so: Ihr erinnert euch daran, daß ihr Tara seid und löst euch von den Füßen und vom Kopf her in euer Herzzentrum auf. Dann sinkt ihr in die Silbe TAM, und schließlich löst sich das TAM von unten nach oben auf und verschwindet vollständig. Ihr schlaft in Leerheit, mit der Erfahrung von Shunyata. Das ist die wirksamste Methode, die es überhaupt gibt, psychisch wie körperlich.

Im zweiten Fall denkt ihr ebenfalls daran, daß ihr Tara seid. Wenn euch kalt ist, stellt euch vor, ihr liegt auf der Sonne, wenn euch warm ist, stellt euch vor, ihr liegt auf dem Mond. Rezitiert dann für eine Weile das Tara-Mantra. Irgendwann schlaft ihr ein. Das ist eine wunderbare Methode. Schlaf ist sehr wichtig, und rechter Schlaf hat eine große Wirkung. Wir verschlafen fast ein Drittel unseres Lebens, damit verschwenden wir Zeit und Energie. Statt vor dem Einschlafen negative und verwirrte Gedanken zu hegen, sollten wir also für einen glasklaren Geist sorgen und alles Gute, das wir an diesem Tag getan haben, seien es Meditationen oder andere gute Taten, allen Wesen widmen, auf daß sie Erleuchtung entdecken. Mit solchen Gedanken einschlafen ist gut.

Träume

Wer meditiert und die Wirklichkeit des Bewußtseins erforscht, sollte auch seine Träume verstehen. Ihr braucht dazu nicht die Erklärungen anderer. Manche Leute meinen, ein Traum bedeute dies oder das. Das halte ich nicht für so gut. *Ihr* wißt Bescheid, *ihr* entdeckt, was sie bedeuten, es sind schließlich *eure* Erfahrungen. Häufig haben die Träume eine Bedeutung für unser Leben. Wer sich nicht an seine Träume erinnert, kann vor dem Einschlafen einen Entschluß fassen: „Heute nacht will ich mir meine Träume merken." Irgendwie funktioniert das dann. Ich habe selbst solche Erfahrungen gemacht. Beispielsweise beschließe ich vor dem Einschlafen, morgens Punkt sechs Uhr aufzuwachen. Und genau so passiert es. Ihr alle kennt sicherlich ähnliche Erfahrungen.

Zwischendurch kann man die Träume auch aufschreiben. Dann lernt ihr intuitiv durch eure eigenen Erfahrungen. Häufig zeigen uns die Träume unsere Zukunft, sie zeigen uns, was geschehen wird. Ich glaube, ein gewisses Maß derartiger Intuition besitzen alle Menschen. Dafür braucht niemand meditieren. Intuition entsteht dem Abhidharma zufolge auf zweierlei Art.[13] Die eine Art ist sozusagen unser Erbe, wir werden damit geboren, die andere Art entwickeln wir durch Meditation. Wir sollten unsere Intuition nicht unterschätzen.

Aufwachen

So wie es zwei Arten des Einschlafens gibt, gibt es auch zwei Arten des Aufwachens. Seid ihr mit Shunyata eingeschlafen, so nehmt beim Aufwachen Geräusche als Mantra wahr, als Klänge des OM TARE TUTTARE TURE SOHA. So fangt ihr den Tag bewußt an. Visualisiert dann im Raum der Nicht-Zweiheit die grüne Keimsilbe TAM. Ich denke jetzt an das tibetische Zeichen, doch ihr könnt vielleicht einfach ein kleines grünes Licht im Raum visualisieren. Erkennt es als euer Bewußtsein und versenkt euch darin. Plötzlich manifestiert sich dieses Bewußtsein, die Keimsilbe oder das Licht, als Grüne Tara. Das ist der Shunyata-Stil des Aufwachens.

Bei der zweiten Methode hört ihr beim Aufwachen das Mantra und seid sofort Tara. Das ist sehr sinnvoll. Warum? Wir wachen als Tara auf, um unsere unsinnigen Gedanken, unsere Minderwertigkeitsgefühle anzuhalten. Wenn am Tag oder in der Nacht dumme Gedanken auftauchen, haltet sie einfach an. Seid euch stets dieser inneren Weisheit bewußt und erlebt Glückseligkeit. Das ist das Wichtigste.

Achtung vor dem Körper

Entwickelt bei der Körperpflege keine negative Haltung dem Körper gegenüber, sondern achtet ihn. Erkennt ihn als etwas Göttliches, als Kostbarkeit. Im Tantra gestatten wir es niemals, den Körper herabzusetzen. Niemals! Versteht ihr? Männern wird es nicht gestattet, Frauen herabzusetzen, und Frauen dürfen Männer nicht herabsetzen. Das ist nicht erlaubt. Männer und Frauen besitzen göttliche Eigenschaften und sollten einander als Tara betrachten. Das ist sehr gut und unglaublich wirksam. So kann kein negatives Denken aufkommen, und eine radikale Veränderung, eine Umwandlung findet statt.

Die Auflösung

Das Herzstück der Gottheiten-Praxis ist die Auflösung der gewöhnlichen Identität. Ihr nehmt die Gottheit in euch auf und werdet eins mit ihr. Eine starke Shunyata-Erfahrung entsteht, wenn euer grün strahlender Lichtkörper, der einem Regenbogen gleicht, in das TAM sinkt. In der tibetischen Schreibweise hat das TAM einen kleinen Punkt, wie der I-Punkt. Das TAM wird immer kleiner und löst sich schließlich in dem kleinen Punkt über dem TAM auf. Dieser kleine Punkt ist der Nullpunkt. Im Buddhismus ist der Nullpunkt die Wirklichkeit, die absolute Existenzweise aller Dinge. Wir sind aus diesem Nullpunkt geboren, wir existieren in diesem Nullpunkt, und wir verschwinden wieder in diesem Nullpunkt. So existieren alle Dinge, nicht nur die Menschen. Ihr werdet immer kleiner, sinkt in diesen Nullpunkt, laßt los und verschwindet im Raum. Stellt dabei keine intellektuellen Überlegungen an.

Schauen wir uns beispielsweise an, wie in Tibet ein Pferd zugeritten wird. Anfangs müssen wir es noch schlagen. Später zeigt man ihm die Richtung, und es geht alleine. Genauso verhält es sich mit dem Geist. Solange ihr den Geist nicht in den rechten Zustand versetzt habt, müßt ihr euren Verstand benützen und analytische Meditationen durchführen. Macht ihr dann eine tiefe Erfahrung, laßt los, so gut es geht, und laßt euren Verstand beiseite. Wir brauchen analytische Meditationen und unterscheidende Weisheit, damit sich der Geist angemessen ausrichtet. Tut er das, laßt völlig los und spürt voller Überzeugung: „Das ist wirklich, das ist Wirklichkeit".

Es gibt im Tantra also Methoden, mit denen wir durch die Auflösung relativ leicht Shunyata erleben können. Wir können zwar intellektuell daherreden und sagen: „Das ist leer, du bist leer"; wir können Leerheit intellektuell erklären und lang und breit darüber reden. Doch mit der Technik der Auflösung können wir Shunyata erleben. Sie ist sehr wirkungsvoll aufgebaut: Alle Vorstellungen des Ich, ihr selbst und alle Dinge lösen sich in Regenbogenlicht auf. Auch das Licht existiert nicht aus sich heraus, ist nicht beständig und verschwindet im Raum. Diese Technik wirkt, weil das die festen Ich-Vorstellungen mitsamt den Dingen verschwinden läßt. Verändern sich die Ich-Vorstellungen nicht, geraten sie nicht in Bewegung, gibt es keine Shunyata-Erfahrung, und wir reden nur schlau daher. In diesem Auslösungsprozeß verschwinden die konkreten Vorstellungen, all diese Ideen: „Ich, dies, das, darum und deshalb, du bist so und so, und deshalb ist dies und das..."

Gedanken und Bilder

Wenn ihr aufmerksam seid, merkt ihr bei dieser Shunyata-Übung, wie sich nach kurzer Zeit euer dualistischer Geist rührt, wie dualistische Gedanken die Ruhe stören. Das ist wie kurz vor Sonnenaufgang, auch da gibt es bestimmte Anzeichen. Bevor ihr aber völlig in dualistischen Gedanken aufgeht, manifestiert sich im Raum ein grünes Licht von der Größe eines Sesamkorns. Kontempliert darüber: Das ist eure Psyche, euer Bewußtsein. Werdet eins damit. Das ist möglich, denn der Raum ist leer, euch gibt es nicht, und so gibt es auch keine Unterscheidung zwischen Subjekt und Objekt. Ihr schaut nicht auf ein Licht, das irgendwo erscheint. Ihr seid dieses Licht und der Raum. Kommen dualistische Gedanken auf, so sinken sie in dieses Licht, und es strahlt aus in alle zehn Himmelrichtungen, überall hin.[14]

Was auch immer euch auf der Seele liegt und Schwierigkeiten bereitet, Städte und Autos und die ganze Plastik-Welt: Das grüne Licht berührt es und verwandelt es ebenfalls in grünes Licht, in starke grüne Laserstrahlen. Auch alle Lebewesen sinken in das grüne Licht. Und plötzlich verwandelt sich euer Bewußtsein in die Grüne Tara, in ihren grün strahlenden Lichtkörper. So lange wie möglich versenkt ihr euch in den Lichtkörper von Tara.

Visualisieren fällt den meisten Menschen anfangs nicht leicht. Für den Anfang reicht es, wenn wir ein ungefähres Bild von dem grün strahlenden Lichtkörper haben. Strengt euch nicht zu sehr an, seid nicht unzufrieden, erwartet nicht, jede Einzelheit klar und deutlich sehen zu können. Das lenkt nur ab. Gewinnt zuerst eine ungefähre Vorstellung vom ganzen Körper, und mit der Zeit könnt ihr dann Stück für Stück das Gesicht, die Augen und alle Einzelheiten kontemplieren. Später geht es um das Gefühl der Ganzheit: „Das bin ich. Ich bin die vollständig entwickelte Weisheit, die allumfassende Energie der Liebe, diese weibliche Energie, dieser intensive, empfindsame, immerwährend selige Zustand des Bewußtseins."

Göttlicher Stolz

Als Buddha auf diese Erde kam, sagte er: „Ich bin der Befreite." Als Jesus auf diese Erde kam, sagte er: „Ich bin der Weg, die Wahrheit und das Leben." Mit göttlichem Stolz sagen wir in ähnlicher Weise: „Ich bin die Wahrheit. Ich bin die vollständig Befreite. Ich bin ein Wesen mit Buddha-Natur. Ich bin ein Buddha." Zu diesem Zeitpunkt seid ihr nicht bescheiden. Zu diesem Zeitpunkt solltet ihr wirklich stolz sein und völlig überzeugt: „Ich bin vollständig entwickelt." Das ist göttlicher Stolz,

Damit überwindet ihr die gewöhnlichen Ich-Vorstellungen, das Festhalten an Objekten, die Selbstbespiegelungen und Selbstgespräche der Art: „Ich bin so häßlich. Ich bin wertlos. Keiner liebt mich." Das verschwindet einfach.

Vertrauen haben, sich selbst gut oder schön oder kräftig finden, zeigt sich auch äußerlich. Schönheit ist Ausdruck eines schönen, eines freien Geistes. Das könnt ihr selbst prüfen. Einige Menschen sind zwar physisch sehr schön, diese Schönheit wird aber durch ihre innere Häßlichkeit zerstört. Ist euch das schon einmal aufgefallen? Das kommt immer wieder vor. Manchmal ist es kaum zu glauben, wie wenig Selbstvertrauen eine schöne Frau oder ein gutaussehender Mann haben, z. B. wenn sie sagen: „Ich bin nichts wert. Ich komme nicht klar mit dem Leben". Innere „Häßlichkeit" erzeugt ein enges Selbstbild, und das macht euch das Leben schwer. Es ist also wichtig, ohne Verwirrung die eigene Schönheit zu erkennen. Hier geht es nicht um hochmütige Aussagen der Art: „Ich bin schön." Hier geht es um unzerstörbare und beständige gute Eigenschaften, die wir mit göttlichem Stolz erkennen. Die klare Vision des göttlichen Körpers und der starke göttliche Stolz helfen uns, die gewöhnlichen Ich-Vorstellungen hinter uns zu lassen.

Bei tantrischen Meditationen handelt es sich nicht um Übersinnliches oder um Wunder. Tantrische Übungen sind klar strukturiert, logisch zu beschreiben, und sie haben einen philosophischen Hintergrund. Wenn ihr das versteht und die Übungen mit der rechten Einstellung durchführt, kommt auch etwas Gutes heraus. Die Verwandlung durch tantrische Übungen gleicht einer Explosion, und das ist dann doch eine Art Wunder. Der Verstand kann es nicht erfassen, und man kann nicht darüber reden. Man muß es erfahren.

Das Wesentliche an der Tara-Praxis ist die Auflösung aller Erscheinungen und die Erfahrung von Shunyata. Aus der Leerheitserfahrung verwandelt sich das Bewußtsein in den grün strahlenden Lichtkörper von Arya Tara. Eine Weile kontemplieren wir über uns als Tara.

Die Mondscheibe

Wer gut konzentriert ist, richtet seine Aufmerksamkeit auf das Herzzentrum und kontempliert über die Mondscheibe. Häufig seid ihr sehr aufgeregt und hitzig; ihr kocht innerlich geradezu. Es ist zuviel Energie, zuviel Luft da; ihr seid zu beschäftigt und nicht ruhig, kühl und klar. Dann meditieren wir über einen Mond im Herzen. Der Mond ist hell und erleuchtet die ganze Erde und unser ganzes Sonnensystem. Diesen Mond visualisieren wir in unserem Tara-Herzen. Seid euch darüber im Klaren, daß dieser Mond nur aus psychischer oder Bewußtseinsenergie besteht. Er hat nichts mit hartem Gestein zu tun, nicht einmal mit Substanz, denn sonst würde er euch im Zentralkanal verletzten. Eigentlich ist es ganz einfach: Statt an das Objekt eurer Verwirrung zu denken, das euch nur irritiert und frustriert, visualisiert ihr die natürliche Schönheit eines sehr hellen Mondes. Sein Licht durchströmt das ganze Nervensystem, strahlt ins Weltall hinein und schenkt allen Lebewesen friedliche, beseligende Energie, auch euch selbst.

Ich erläutere jetzt der Reihe nach einige Techniken, die ihr bei Bedarf einsetzen könnt.

Mantra und Licht

Bei der nächsten Übung befindet sich das Mantra OM TARA TUTTARE TURE SOHA auf dem Mond. Die Silben sind am Außenrand im Uhrzeigersinn angeordnet. Rezitiert das Mantra und kontempliert über den Klang. Rezitiert das Mantra „still", ohne dabei die Lippen zu bewegen. Jede Mantra-Silbe hat ihren eigenen Klang. Die Technik ist: Diesem Klang lauschen. Dabei gehen von Mondscheibe und Mantra in eurem Herz viele Lichtstrahlen aus, werden zu allen nur denkbaren wunderbaren Gaben an alle erhabenen Wesen in den zehn Richtungen und schenken immerwährende beseligende Energie.

Oder eine andere Visualisierung: Dieses Licht wird zu Millionen und Abermillionen von 21 Taras. Sie gehen zum Scheitel eines jeden Lebewesens im Raum, reinigen es und schenken ihm alles, wonach es sich sehnt: Ein langes Leben, friedliche Energie, kraftvolle Energie, Macht, Stärke und hohe Ziele im Leben. Dann verwandeln sich alle Lebewesen in Taras, sinken in die Lichtstrahlen, und alles Licht sinkt in unser Herz. Diese Übung ähnelt der Meditation zur Entwicklung von Bodhicitta aus dem Lamrim, dem Stufenweg zur Erleuchtung. Die Technik ist etwas anders, und das macht sie wirksamer.

Atemübungen

Zur Stärkung der Konzentration könnt ihr die stille Rezitation mit einer Atemübung koppeln. Atmet sanft ein, ohne Druck, und haltet dann den Atem an. Eure Konzentration wird sehr viel besser, da ihr nicht durch die Atembewegung abgelenkt werdet. Dem tantrischen Verständnis zufolge lenkt heftiges, lautes Atmen ab. Die Art und Weise wie wir atmen, spiegelt unsere geistige Verfassung. Haltet hin und wieder den Atem an und kontempliert.

Die Haltung der Augen hängt von unseren Erfahrungen ab. Die meisten Menschen sind von den vielen Eindrücken in der modernen Welt so überwältigt, daß es für sie besser ist, wenn sie die Augen schließen. Wir schließen sie ganz natürlich und leicht, damit wir nicht so abgelenkt sind. Ihr wißt ja: Nicht die fünf Sinne meditieren, sondern das Bewußtsein, sie sollten also nichts Besonderes zu tun haben.

Einige von euch kennen die Vasenatmung. Man atmet ein, zieht die Muskeln am Beckenboden leicht zusammen und hält den Atem an. Bevor es unangenehm wird, atmet man sanft aus. Während ihr den Atem anhaltet, könnt ihr euch dabei auf das Mantra im Herzzentrum konzentrieren. Mit dieser Technik des Atemanhaltens könnt ihr die Konzentration auf ein bestimmtes Objekt stärken. Die Übungen mit dem Herzzentrum sind sehr wichtig, daher führen wir sie viele Male durch. Später kann man das Mantra auch im Nabelzentrum visualisieren und dieselbe Atemübung durchführen.

Flamme und Klang

Sobald ihr konzentriert seid, richtet die Aufmerksamkeit wieder auf den Mond im Herzen. In der Mitte der Mondscheibe befindet sich die Silbe TAM. Darin spürt ihr eine Flamme, und in dieser Flamme ertönt der Klang des Mantra. Das Bewußtsein manifestiert sich als Flamme und als Klang des Mantra. Ihr lauscht dem Klang des Mantra und spürt dabei das Feuer der Flamme. Das Bewußtsein wird eins mit der Flamme und dem Mantra-Klang. Diese kraftvolle Technik bewirkt große Hitze, Freude und Gewahrsein. So können wir schneller Konzentration entwickeln.

Die Meditationstechniken bauen aufeinander auf, dabei wird die Konzentration immer feiner. Von der gröberen Ebene der Meditation über die Gottheit kommen wir zum Mond im Herzen, dann zur Form des Mantra, dann zum Mantra-Klang, dann zur Flamme. Mit jeder Meditation gehen wir tiefer, werden empfindsamer, und die Konzentration wird feiner.

Tara im Herzen

Die nächste Übung: In unserem Tara-Herzen ist eine Tara in Sesamkorngröße oder noch kleiner, wie ein Atom. Die Flamme und der Mantra-Klang befinden sich nun in dieser winzig kleinen Tara. Darüber kontemplieren wir. Das ist viel schwieriger, aber man kann es lernen. Ihr kennt das Prinzip vom Fernsehen. In einem kleinen Fernsehapparat erscheint die ganze Welt. Visualisieren funktioniert genauso. Wir glauben im Buddhismus, daß das ganze Universum in einem Atom existiert. Wenn ihr das versteht, habt ihr Raum für alles und jedes.

Ihr könnt das. Alle diese Übungen dienen der Entwicklung von Konzentration, von Samadhi. Sie verhelfen dem Geist zu Konzentration und Einsicht. Es geht nicht nur darum, Mantras zu rezitieren. Das Wichtigste beim Rezitieren ist die Konzentration. Natürlich hat auch die verbale Mantra-Rezitation Kraft. Sie vertreibt z.B. dumme Gedanken, die uns unruhig machen. Wenn Mantras diese Unruhe beseitigen können, ist es wunderbar.

Üben, üben, üben

Wie ihr seht, ist die Yoga-Methode von Tara doch nicht ganz so einfach. Westliche Menschen wollen alles gleich haben. Die tibetische Kultur ist da anders, wir wissen, daß man nicht alles gleich umsetzen kann. Tibeter denken eher: „Es ist meine Aufgabe, diese Dinge zu verwirklichen, daher muß ich für den Rest meines Lebens jeden Tag so viel wie möglich dafür tun und so leben, daß das auch gelingt." Die Haltung ist wichtig für die Übung. Seht es als Lebensaufgabe, und macht jeden Tag soviel ihr könnt, ohne Druck, und zwingt euch nicht zu etwas, was eure Kräfte übersteigt.

Teil Vier
Die Praxis

1 *Eine Meditation über die Klarheit des Geistes*

Entspannt euch und laßt los.
Denkt nicht an Meditation.
Erwartet nichts Besonderes.
Hofft nicht, daß es gut läuft.
Befürchtet nicht, daß es schlecht läuft.
Seid bewußt.
Alle Schwingungen passen zusammen,
außerhalb von euch und in euch.
Redet nicht mit euch selbst.
Seid bewußt,
auch wenn es um eure eigenen Erfahrungen geht.
Das genügt.
Interpretiert eure Erfahrungen nicht,
wie gut oder schlecht sie auch sein mögen.
Bleibt bei euren Erfahrungen
und laßt los.[1]

Atmet jetzt ein, langsam, sanft und vollständig.
Atmet ganz natürlich.
Spürt, wie die Atemenergie
durch euch hindurch strömt,
durch Kehle, Lungen und Herz,
bis tief in den Bauch.
Haltet den Atem an.

Atmet dann aus, langsam, sanft und vollständig.
Atmet wieder ein, langsam, sanft und vollständig.
Versucht zu spüren, wie euer ganzes Nervensystem,
alle Zellen eures Körpers, Sauerstoff aufnehmen.
Spürt das Leben in den Zellen.

Atmet aus, und atmet wieder ein.
Haltet den Atem an.
Und atmet aus, vollständig aus.
Spürt wie aller Sauerstoff
aus euch heraustritt.

Atmet wieder ein.
Wir erzeugen einen leichten Druck im Bauch,
ziehen die Muskeln am Beckenboden leicht zusammen,
und es entsteht Freude in uns, sinnliche Freude.
Und wir atmen aus.

Redet nicht mit euch selbst
über gute und schlechte Erfahrungen, auch dann nicht,
wenn ihr Seligkeit und Stille erfahrt.
Seid bewußt.
Das genügt.

Wir atmen ein.
Und wir atmen aus.
Auf ganz natürliche Weise
erfährt unser Geist jetzt den Mittleren Weg,
ohne zwischen gut und schlecht zu unterscheiden.

Laßt los.
Seid achtsam.
Das genügt.
Haltet euer Gewahrsein fortwährend aufrecht.
Versenkt euch in die Stille
eurer eigenen Erfahrung.

Die Kraft der Stille ist euer eigenes Bewußtsein.
Sie ist nichts Materielles.
Es ist Bewußtseinsenergie.
Diese Erfahrung ist unabhängig
von jeder äußeren Energie.

Es sind eure Gedanken.
Es ist die Natur eures Denkens,
eures Geistes, die ihr erfahrt.
Geist ist ohne Farbe, ohne Form.
Dem Raum gleich, dem kosmischen Raum.

Spürt die Ruhe, den Frieden.
Seid wach und laßt los.
Diese Energie ist ohne Grenzen.
Es ist kosmische Energie.
Erkennt sie als freie Gedankenenergie,
als kosmisches Bewußtsein.
Gedanken sind allumfassend, wie der Raum.
Aus ihnen ist alles entstanden, was es gibt.
Sie spiegeln die Wirklichkeit.

Unsere körperliche Energie hat Grenzen.
Sie ist beschränkt.
Bewußtseinsenergie ist allumfassend.
In ihr ist Raum
für die ganze kosmische Wirklichkeit.

Draußen läuten die Glocken.
Wir glauben, die Glocken seien draußen.
Unser Bewußtsein hat den Raum,
ihre Schwingungen hier in uns zu erfahren.

Die Natur unseres Geistes ist völlige Klarheit.
Unser Geist spiegelt
die ganze kosmische Wirklichkeit.

Wir versenken uns in die Ruhe und Klarheit
unseres eigenen Bewußtseins.
Wir sind bewußt und lassen los.

Wir brauchen keine intellektuellen Unterscheidungen treffen. Solange wir achtsam sind, brauchen wir nicht zu unterscheiden. Wenn ein negativer Gedanke aufsteigt, versenken wir uns in den innersten Gehalt dieses Gedankens. Seine Natur ist rein und klar. Wir fangen mit dem Objekt kein Gespräch an. Wir sind uns der Natur dieser Gedanken bewußt. Die Kontemplation über die Ruhe des Geistes ist eine Hinführung zur Leerheit.

Seid ohne Furcht.
Laßt los und versenkt euch in die Leerheit.
Diese Erfahrung löst das feste Ich auf.
Laßt los.

So kommen wir in Kontakt mit der Wirklichkeit.
Wir erfahren das Freisein
von unseren Minderwertigkeitsgefühlen
und berühren die Wirklichkeit.

Wir begreifen, daß unser negatives Selbstbild
nicht aus sich selbst heraus existiert.
Wir lassen los.
Schenkt den Objekten keine Aufmerksamkeit.
Seid euch der reinen und klaren Natur
der Gedanken bewußt. Diese Bewußtheit führt uns
zur Erfahrung von Nicht-Zweiheit.

Steigen Gedanken an unser negatives Selbstbild auf, untersuchen wir mit Hilfe unseres Verstandes, wo dieses Selbstbild in unseren Zellen oder im Geist existiert. Wir finden so heraus, ob es dieses negative Selbstbild in uns gibt, ob im Körper oder in einem Körperteil oder im Zusammenspiel verschiedener Teile. Ob es vom Augenblick unserer Geburt an in uns existierte, ob es immer noch da ist oder nicht. Da wir es nicht finden können, lösen wir uns von der falschen Vorstellung eines negativen Selbstbildes.

Wir lösen uns von allen falschen Vorstellungen.
Wir lösen uns von unserem negativen Selbstbild.

Wir benutzen heute unseren Verstand dazu,
unser negatives Selbstbild aufzuspüren.
Wir suchen es überall, außen und innen.
Wir suchen es in dem, was vergänglich ist
und in dem, was allumfassend ist. Überall suchen wir
nach unserem negativen Selbstbild.

Jeden Augenblick, in dem wir erleben,
daß Selbstbilder einfach Gedanken sind
und keiner Wirklichkeit entsprechen,
versenken wir uns in diese Erfahrung.
Es ist unsere Erfahrung.
Wir versenken uns in sie und lassen los.

Auch wenn wir gehen oder reden, essen oder trinken,
ja sogar wenn wir schlafen,
halten wir diese Erfahrung aufrecht.

Wir lassen los.
Wir lassen alle konkreten Vorstellungen los.
Begreift diese Erfahrung.
In diesem Augenblick berührt ihr die Wirklichkeit.

Jetzt widmen wir diese Energie
dem Wohl aller Lebewesen.
Mögen alle Wesen im Universum
ihr negatives Selbstbild auslöschen,
und mögen sie dadurch die Wirklichkeit berühren.

2 Die Praxis der Grünen Tara

Die essentielle Tara Praxis – Kurze Praxis der Grünen Tara – Zuflucht und einfaches Guru-Yoga – Ausführliche Praxis – Übung im Alltag – Klausur – Feuer-Puja

Traditionell werden tantrische Übungsanleitungen nur an Personen weitergegeben, die eine formelle Einführung, häufig Einweihung genannt, in die Praxis erhalten haben. Da es viele zweifelhafte Informationen über buddhistisches Tantra im Westen gibt, haben der Dalai Lama und tibetische Lamas aller Schulen über dieses Thema geschrieben und der Veröffentlichung bestimmter Vorträge über tantrische Übungen zugestimmt.[2] Dennoch gilt der Grundsatz, daß schriftliche Übungsanweisungen ihre volle Wirkung erst im Kontext zusätzlicher mündlicher Unterweisungen entfalten. Wer die Aussagen in diesem Buch als konkrete Anleitungen zur Meditation verwenden möchte, sollte zuvor persönliche Anweisungen zur Praxis der Grünen Tara erhalten haben. Adressen von Zentren im deutschsprachigen Raum erhalten Sie über den Dachverband der Buddhisten (siehe Anhang).

Die Vorschläge zur Praxis der Grünen Tara beginnen mit der Beschreibung der essentiellen Praxis und einer kurzen informellen Übung. Es folgt eine ausführliche Praxis mit Hinweisen zu einzelnen Punkten und Meditationstechniken aus den vorangegangenen Vorträgen (mit Quellenangabe zum Nachlesen) und unter Einbeziehung traditioneller Gebete (durch Einrückung gekennzeichnet). Im Anschluß dann Hinweise für die Übung im Alltag und Hinweise zur Klausur und zur Feuer-Puja. Zur Visualisierung: Statt der 21 Taras kann man auch vereinfacht die Grüne Tara mit einem Gesicht und zwei Armen visualisieren.

Lama Yeshe empfahl, sich bei der täglichen Übung auf jeweils ein oder zwei Aspekte der Sadhana zu konzentrieren und sich jeden Tag einen anderen Schwerpunkt vorzunehmen, da man so die Praxis schnell gut kennenlernt und die Übung nie langweilig wird.

DIE ESSENTIELLE TARA PRAXIS

Macht euch während der Meditation und auch danach die vielen Lebewesen um euch herum bewußt und erkennt sie als Arya Taras Manifestation. Alle Gedanken, positiv wie negativ, erkennt ihr als Arya Taras nichtverblendete Weisheit und alle Laute und Klänge, angenehme wie unangenehme, als Arya Taras transzendentes Mantra. (S. 56)

KURZE PRAXIS DER GRÜNEN TARA

Visualisiere die 21 Taras vor dir im Raum. Stell dir einfach vor, daß sie da sind. Dann sinkt Tara in dich, und du wirst Tara. Von deinem Tara-Herzen geht Licht aus in alle zehn Richtungen. Es reinigt die ganze Umgebung und alle Lebewesen von ihrem Leiden. Sie werden alle zu Taras und sinken in dein Herz. Rezitiere das Mantra und richte die Aufmerksamkeit auf die Reinigung aller Wesen. Manchmal kannst du die Visualisierung sein lassen und in Achtsamkeit ruhen. (S. 89)

ZUFLUCHT UND EINFACHES GURU-YOGA

Bei der Zufluchtnahme visualisieren wir traditionell vor uns im Raum Buddha Shakyamuni. Die Sitzhaltung des Buddha symbolisiert unzerstörbares Samadhi. Visualisiere um ihn herum Tausende von Buddhas, Bodhisattvas und Arhats und denke über ihre wunderbaren Eigenschaften nach. (S. 133-135)

Von ihrem Scheitel strömt weißes Licht in dein Scheitelzentrum und in den Zentralkanal. Es reinigt alle unkontrollierte körperliche Energie. Von ihrem Kehlzentrum strömt rotes Licht in deine Kehle, sinkt in dein Kehlzentrum und reinigt alle unkontrollierte Energie der Rede, und von ihrem Herzen strömt strahlend blaues Licht in dein Herz, sinkt in dein Herzzentrum und reinigt dich von aller Unentschlossenheit, von Zweifel und Unwissenheit. Dann strömen gleichzeitig weiße, rote und blaue Lichtstrahlen in dich und reinigen auch die allerfeinsten Eindrücke, die durch verwirrtes Handeln mit Körper, Rede und Geist entstanden sind.

Visualisiere dann, wie sich alle Buddhas, Bodhisattavs, Arhats und andere Wesen im Guru Shakyamuni in der Mitte auflösen. Er löst sich ebenfalls in Licht auf und sinkt durch den Zentralkanal in dein Herz, und du wirst eins mit Guru Shakyamuni mit Körper, Rede und Geist.

Wenn du auf diese Weise Guru Shakyamuni in deinem Herzen auflöst, kannst du hin und wieder ein kleines gelbes Licht im Herzen visualisieren und sein Mantra rezitieren: TAYATA OM MUNI MUNI MAHA MUNAYE SOHA. Visualisiere strahlendes Licht, das vom Mantra in dein Nervensystem strömt und deinen Körper verwandelt. (S. 135/136)

Zum Abschluß widmen wir die positive Energie dieser Meditation dem Wohl aller Wesen. Wir begreifen damit, daß die Meditation nicht unserem Vergnügen dient, und so entwickeln wie keinen Hochmut. (S. 136)

AUSFÜHRLICHE PRAXIS DER GRÜNEN TARA

Zuflucht

Visualisiere deinen Lama als Tara, umgeben von den 21 Taras. Um dich herum sind alle Lebewesen versammelt, rechts der Vater, links die Mutter, vor dir die Menschen, die dich irritieren und hinter dir alle Verwandten und guten Freunde. Umgeben von allen Lebewesen im Weltall leitest du sie an bei der Zufluchtnahme. (S. 97)

> Ich nehme Zuflucht bis zur Erleuchtung
> zu den Buddhas, dem Dharma und der höchsten
> Versammlung. Dank der Verdienste, die ich ansammle,
> durch Geben und andere Vollkommenheiten,
> möge ich Buddhaschaft erlangen, zum Wohle aller Wesen.

Von den 21 Taras geht Licht in drei Farben aus. Strahlend weißes Licht geht aus vom Scheitelzentrum der 21 Taras. Es tritt durch deine Stirn ein in den Zentralkanal und reinigt deinen Körper. Strahlend rotes Licht geht aus vom Kehlzentrum der 21 Taras, tritt ein in deine Kehle und reinigt deine Rede. Strahlend blaues Licht geht aus vom Herzzentrum der 21 Taras, tritt ein in dein Herz und reinigt dich von falschen Vorstellungen und unheilsamem Denken. (S. 97)

Bodhicitta

> So wie die Buddhas und Bodhisattvas
> der Vergangenheit Bodhicitta entwickelten
> und sich im Stufenweg der Bodhisattvas übten,
> so will auch ich Bodhicitta entwickeln
> und mich im Stufenweg der Bodhisattvas üben.

Die Vier Unermeßlichen Gedanken

Mögen alle Wesen Glück erleben
und die Ursachen von Glück.
Mögen alle Wesen frei sein von Leid
und den Ursachen von Leid.
Mögen alle Wesen nie getrennt sein vom Glück ohne Leid.
Mögen alle Wesen in Gleichmut leben,
ohne Anhaftung und Abneigung,
nicht nah den einen und fern den anderen.

Gebet der Sieben Zweige

Mit Körper, Rede und Geist
verneige ich mich voll Vertrauen.
Alle meine Gaben bringe ich dar,
die wirklich und die geistig gegebenen.
Ich bekenne alles unheilsame Handeln,
begangen seit anfangsloser Zeit.
Ich erfreue mich an den Verdiensten
gewöhnlicher und edler Wesen.
Oh Buddha Tara, lehre und leite uns,
bis Samsara endet
und enthülle die Lehre allen Wesen.
Meine eigenen Verdienste und die aller anderen
widme ich der höchsten Erleuchtung.

Visualisierung der 21 Taras

Visualisiere vor dir im Raum die 21 Taras. Aus ganzem Herzen rufe dann die Buddhas der zehn Richtungen herbei; jeder Buddha manifestiert sich als eine Gruppe von 21 Taras. Alle diese zahllosen Gruppen von 21 Taras gehen auf in den 21 Taras vor dir im Raum. Jede der 21 Taras steht für einen bestimmten Aspekt.[3]

Wenn du über eine bestimmte Tara meditierst, sinkt diese in dich. Wünschst du dir ein langes Leben, oder fühlst du dich schwach oder hast Angst vor dem Tod, dann visualisiere eine Weiße Tara des Langen Lebens und meditiere über sie. Fühlst du dich kraftlos, kannst du die Rote Tara visualisieren. Das rote Licht gibt dir Kraft und du kannst besser mit deinem Partner oder deiner Partnerin kommunizieren. (S. 101)

Auflösung: Die Leerheits-Gottheit

Das Feld der Verdienste mit den 21 Taras löst sich auf und sinkt in die Grüne Tara in der Mitte. Die zentrale Tara löst sich in Licht auf; das Licht sinkt in dich, wandert durch den Zentralkanal in dein Herz, und du wirst eins mit ihr. Plötzlich verwandelt sich dein ganzer Körper und dein ganzes Nervensystem in grünes Licht. Du selbst wirst zu grünem Licht, strahlst grünes Licht aus und verschwindest schließlich. Mit dieser tantrischen Methode verschwinden deine Vorstellungen von einem aus sich heraus existierenden Ich. Normalerweise rezitiert man an dieser Stelle das Leerheits-Mantra. (S. 102)

OM SVABHAVA SHUDDHAH SARVA DHARMA
SVABHAVA SHUDDHO HAM.
Alle Dinge sind im Grunde rein. Rein bin auch ich.

Arya Tara entsteht

Im Raum der Nicht-Zweiheit entsteht eine Lotosblume, darauf liegt eine weiße Mondscheibe, und in ihrer Mitte erscheint die grüne Keimsilbe TAM. Diese drei Lichterscheinungen sind der Geist. Von Mond und Keimsilbe TAM strahlt Licht in alle zehn Richtungen und reinigt die Umgebung und alle Lebewesen mit seiner glückseligen Energie. Das Licht kehrt zurück und sinkt in das TAM. Plötzlich verwandelt sich das TAM, die Essenz deines Geistes, in den grün strahlenden Lichtkörper von Tara.

Diese Tara hat ein Gesicht und zwei Arme. Die rechte Hand ist in der Geste des Gewährens höchster Einsichten und Kräfte, die Linke in der Geste der Zuflucht. Das bedeutet Tara ist Buddha, Dharma und Sangha in einem. (S. 108)

Das linke Bein hat sie angezogen. Damit beherrscht sie das untere Chakra. Das bedeutet, sie ist kein Sex-Symbol. (S. 51) Das rechte Bein ist leicht ausgestreckt, in der Haltung tätiger Nächstenliebe, aktiven Mitgefühls und Geschicks im Handeln.

Klare Erscheinung und göttlicher Stolz

Bemühe dich zunächst um ein möglichst klares Bild von Tara und versenke dich darin. Zuerst sieh Tara im Ganzen. Halte nicht an dem Bild fest, entspanne dich und kontempliere. Die klare Vision, die Imagination als grün strahlender Lichtkörper löst die gewöhnliche Erscheinung, die gewöhnliche Wahrnehmung auf, und der göttliche Stolz beseitigt das minderwertige Selbstbild. Sei eins mit Tara: Du besitzt alle Eigenschaften von Tara. In diesem Augenblick bist du vollständig entwickelt und empfindest göttlichen Stolz. (S. 109)

Der Lichtkörper von Tara kann riesengroß sein oder winzig klein wie ein Sesamkorn. Er zieht magnetisch alle guten Eigenschaften an, die wir brauchen, und wir sind überzeugt, daß wir sie besitzen. (S. 48)

In einer Phase intensiver Übung über einige Wochen wird empfohlen, zuerst über den Lichtkörper zu meditieren und dabei Konzentration zu entwickeln. In den folgenden Sitzungen richtet man den Schwerpunkt auf die einzelnen technischen Übungen.

Für viele Übende steht allerdings nicht die Meditation über den Lichtkörper und die konzentrativen Methoden, sondern die Mantra-Rezitation im Zentrum. Beginne mit der Übung, und wenn Gedanken kommen, kannst du Mantras rezitieren. Danach konzentrierst du dich wieder auf den Lichtkörper.

Im folgenden werden einige technische Übungen vorgestellt, die die Entwicklung von Konzentration unterstützen. Sie bauen alle systematisch aufeinander auf. (S. 109)

Die Mondscheibe

Du bist Tara, und in deinem Herzen befindet sich eine Mondscheibe, die hell wie der Vollmond ist. Stell dir einfach vor, du und die Mondscheibe sind da, und du bist dir dessen bewußt. Du bist nicht getrennt vom Mond. Das Bewußtsein ist eins mit dem Mond. Es gibt keine Dualität, kein Subjekt und kein Objekt. (S. 114)

Keimsilbe TAM und Mantra

Jetzt kannst du die Aufmerksamkeit auf die Keimsilbe TAM richten. Kontempliere die grün stahlende Silbe TAM aus Licht in der Mitte des Mondes. Das TAM ist sehr, sehr klein. Um das TAM herum stehen die zehn Silben des Mantra im Uhrzeigersinn, und du kontemplierst jede einzelne Silbe. (S. 114)

Wir rezitieren dann das Mantra zuerst laut und kontemplieren den Klang. Nach einer Weile kontemplieren wir nur noch und rezitieren es still, ohne Lippenbewegung. Jede Mantra-Silbe hat ihren eigenen Klang. Die Technik ist: Dem Klang lauschen. (S. 162)

Mantra und Visualisierung

Bei der Mantra-Rezitation können wir drei unterschiedliche Dinge visualisieren: Die Reinigung aller Wesen, die Darbringung von Gaben an alle Erwachten und die Aufnahme ihres Segens und ihrer Inspiration. Diese Visualisierung zur Reinigung aller Wesen ähnelt der Meditation zur Entwicklung von

Bodhicitta aus dem Stufenweg zur Erleuchtung. Die Technik ist etwas anders, und das macht sie wirksamer.

Von Mondscheibe und Mantra im Herzen gehen viele Lichtstrahlen aus, werden zu allen nur denkbaren wunderbaren Gaben an alle erhabenen Wesen in den zehn Richtungen und schenken immerwährende beseligende Energie.

Das Licht wird zu Millionen und Abermillionen von 21 Taras. Sie gehen zum Scheitel jedes Lebewesens im Raum, reinigen sie und schenken ihnen alles, wonach sie sich sehnen. Dann verwandeln sich alle Lebewesen in Tara, sinken in die Lichtstrahlen, und alles Licht sinkt in dein Herz. (S. 163)

Atemtechnik

Zur Stärkung der Konzentration können wir die stille Rezitation mit einer Atemübung koppeln. Atme sanft ein, ohne Druck, halte dann den Atem an. Die Konzentration wird sehr viel besser, da man nicht durch die Atembewegung abgelenkt wird.

Wer die Keimsilbenmeditation kennt, kann diese durchführen. Eine vereinfachte Form ist die Vasenatmung: Man atmet ein, zieht die Muskeln am Beckenboden leicht zusammen und hält den Atem an. Dabei kann man sich auf das Mantra im Herzzentrum konzentrieren. Bevor es unangenehm wird, lockert man die unteren Muskeln und atmet wieder aus. Das kann man für einige Minuten durchführen, aber nicht zu lang. Später kann man das Mantra auch im Nabelzentrum visualisieren und dieselbe Atemübung durchführen. (S. 163/164)

Flamme und Klang

Richte bei guter Konzentration die Aufmerksamkeit auf den Mond im Herzen. In der Mitte der Mondscheibe befindet sich die Silbe TAM. Darin befindet sich eine Flamme, und in dieser Flamme ertönt der Klang des Mantra. Dein Bewußtsein manifestiert sich als Flamme und als Klang des Mantra. (S. 164)

Tara im Herzen

In deinem Tara-Herzen ist eine Tara in Sesamkorngröße oder noch kleiner, wie ein Atom. Die Flamme und der Mantra-Klang befinden sich nun in dieser winzig kleinen Tara. Darüber kontemplieren wir. (S. 164)

Widmung

Möge ich schnell zu Arya Tara werden
und dank der Verdienste meines Tuns
alle Wesen ohne Ausnahme in Taras reine Welt führen.

Möge das Bodhicitta,
das nicht erlangt wurde, entstehen.
Möge das Bodhicitta,
das erlangt wurde, in Reinheit wachsen.
Möge das Bodhicitta,
das rein gewachsen ist, sich vermehren ohne Ende.

ÜBUNG IM ALLTAG

Mandala und Vajra-Herz

Bei einer Einweihung verwandeln wir den Raum in ein Mandala, in den Palast der Gottheit. Wenn du zu Hause meditierst und dich unwohl fühlst, kannst du dir vorstellen, daß Wände, Boden und Decke aus unzerstörbarer Energie bestehen; damit erschaffst du ein sogenanntes Vajra-Haus. Nichts Negatives kann die Wände eines Vajra-Hauses durchdringen. Psychologisch gesehen, fühlst du dich absolut sicher darin. (S. 155)

Die Tara-Praxis hilft dir, das unzerstörbare Diamant-Herz aufzubauen. Das ganze Universum wird zu einem einzigen Vajra-Herzen, und du bist Tara. Das ist ein guter Trick, um die verwirrten Gedanken zum Stillstand zu bringen. (S. 61)

Einschlafen und Aufwachen

Erste Variante: Lege dich auf die rechte Seite und visualisiere dich als Tara. In deinem Herzen befindet sich die Keimsilbe TAM. Grünes Licht strahlt aus und verwandelt die ganze Umgebung und alle Wesen in grünes Licht, und dieses Licht sinkt in dich. Dein grüner Lichtkörper löst sich vom Scheitel und von den Füßen her zum Herzen hin auf. Du löst dich auf ins Herzzentrum, in das Mantra und die Keimsilbe TAM. Das Mantra sinkt dann in die Keimsilbe. Das TAM löst sich von unten nach oben auf. Es löst sich vollständig auf und verschwindet schließlich im Raum der Nicht-Zweiheit. Wenn du in Leerheit geschlafen hast, wirst du beim Aufwachen sofort zu Tara.

Zweite Variante: Du schläfst in Gestalt einer grünen, leuchtenden Tara. Deine Unterlage ist eine Lotosblüte, dein Kissen der Mond. Wenn dir kalt ist, stell dir vor, du liegst auf der Sonne, wenn dir zu warm ist, stell dir vor, du liegst auf dem Mond. Rezitiere dann für eine Weile das Mantra und schlafe ein. Beim Aufwachen erinnerst du dich daran, daß du Tara bist. Wenn du Geräusche hörst, hörst du sie als Mantra-Klang. (S. 86/87, S. 156/157)

Waschen

Rezitiere beim Waschen und Duschen das Mantra und bringe dir selbst, als Tara, diese Reinigung dar. Visualisiere das Duschwasser als kraftvolles Licht, das alle unsinnigen Gedanken über das eigene Ungenügen wegwäscht. (S. 87))

Essen und Trinken

Segnet beim Essen und Trinken alles dreimal mit dem Mantra OM AH HUM. Dadurch „verwandelt" ihr das Essen in köstlichen Nektar. Ihr könnt euch den Vorgang der Umwandlung folgendermaßen vorstellen: Die drei Mantra-Silben befinden sich vor euch im Raum, über dem Essen, ganz oben das weiße OM, darunter das rote AH und unten das blaue HUM.

Bei der ersten Rezitation ruft ihr die Buddhas aller Zeiten und Räume herbei. Bei der zweiten Rezitation sinkt die befreite Energie von Körper, Rede und Geist aller Erwachten in die drei Mantra-Silben. Bei der dritten Rezitation sinken die Silben in das Essen. Dabei lösen sich alle dualistischen Vorstellungen über die Person, die ißt, das Essen und den Vorgang des Essens auf, und ihr entdeckt die nektargleiche Qualität des Essens. So funktioniert die Umwandlung gewöhnlicher Nahrung in Nektar.[4]

Du kannst dir auch den Lama, der dir den Pfad zur Erleuchtung zeigt, in deinem Herzen vorstellen und ihm die Speisen darbringen. Du kannst das Essen auch der Grünen Tara oder den 21 Taras oder Deiner Schutzgottheit im Herzen darbringen. Alle diese Übungen helfen dir, blockierte Energie im Herzen aufzulösen. (S. 87/88)

Tägliche Übung

Ist eine intensive Klausur nicht möglich, kannst du vielleicht eine Sitzung am Tag abhalten. Wenn du täglich übst, bist du dein ganzes Leben in Klausur. Du kannst auch zwei Sitzungen am Tag machen, eine morgens und eine abends, und dazwischen machst du deine Arbeit. Stimme Übung auf deinen Lebensstil ab. (S. 67)

KLAUSUR

Vor einer Tage oder Wochen dauernden Tara-Praxis, richte einen besonderen Meditationsraum oder -ort her und räume schön auf, so daß nichts Überflüssiges herumsteht. Reinige ihn sehr gründlich und versehe ihn mit Düften, mit Parfüm, Sandelholz, Jasmin oder ähnlichem.

Die Sitzungen kannst du über den Tag verteilen. Bei vier Sitzungen machst du eine frühmorgens, eine nach dem Frühstück, eine nach dem Mittagessen und eine am Abend. Ein bis anderthalb Stunden sind genug, sonst verlierst du die Energie.

Zu Beginn jeder Sitzung kannst du symbolisch etwas Wasser oder Tee darbringen. Das fördert die Großzügigkeit.

Gehe in der ersten Sitzung am Morgen die ganze Sadhana durch, einschließlich der Mantra-Rezitation und der Widmung. In der nächsten Sitzung machst du nicht alles, sondern wirst rasch zu Tara und dann konzentrierst du dich. Mache viele kurze Sitzungen mit starker Konzentration und dann eine Pause.

Du kannst auch eine Gehmeditation durchführen. Mache einen Spaziergang in Achtsamkeit und meditiere beim Gehen. Gehe auf der Mondscheibe spazieren. Gehen tut so gut.

Läuft eine Sitzung nicht gut, gehe nach draußen, schaue in die Ferne, schaue in den Himmel und mache vielleicht eine kleine Gehmeditation bis der Geist wieder klar und frisch ist. Setz dich nie unter Druck. Tu einfach dein Bestes. (S. 66/67)

Wir sollten in der Zeit außerhalb der festgelegten Meditationspraxis, in der wir uns draußen in der Welt bewegen, alle Dinge als nicht-dualistisch, als Illusion, als Zuschreibungen erkennen. (S. 66)

FEUER-PUJA

Visualisiere dich selbst als Tara und in deinem Herzen ein grünes Licht, das ins ganze Universum in alle zehn Richtungen ausstrahlt und alle Krankheiten und Probleme der ganzen Welt anzieht. Sie sinken in eine Schale mit schwarzen Sesamsamen vor dir.

Setze dann ein kleines Feuer in Gang. Im Feuer visualisierst du den mächtigen Buddha Vajra Daka. Er hat besondere Heilkräfte und kann alle negativen Energien aufessen. Sein Mund ist ein schwarzes Loch. Alle unreine Energie im Weltall wird von diesem schwarzen Loch verschlungen.

In deinem Nabelzentrum befindet sich ein kleines Feuer. Von deinen Füßen steigt Windenergie bis zum Nabelzentrum. Sie läßt die Flamme immer größer und heißer werden. An einem bestimmten Punkt explodiert das Feuer und lodert den Zentralkanal hoch und drängt all deine negative Energie zur Nasenöffnung hinaus. Sie nimmt die Form von allerlei unangenehmem Getier an, von Skorpionen, Schlangen, Spinnen usw. Sie sinken in die schwarzen Sesamsamen. Diese Sesamsamen bringen wir Vajra Daka dar.

Eine Feuer-Puja ist eine ganz einfache und sehr kraftvolle Übung. Man kann sie am Ende einer Klausur durchführen, aber auch zu anderen Zeiten.[5] (S. 67-70)

Anhang

Anmerkungen

VORBEMERKUNGEN

Diesem Buch liegen Vorträge zugrunde, die Lama Thubten Yeshe innerhalb eines Jahres (1980/81) in drei Ländern, Spanien, Kanada und Deutschland, hielt. Ursprünglich wollte Lama Yeshe zuerst in Barcelona und Vancouver Vorträge über die 21 Taras halten, und anschließend in Jägerndorf eine Einführung in Cittamani Tara geben, einer Maha-Anuttara-Praxis der Grünen Tara. In allen drei Kursen konzentrierte er sich dann aber eher auf die allgemeinen Voraussetzungen tantrischer Übender und gab eine Einführung in zentrale Schwerpunkte und Methoden des buddhistischen Tantra am Beispiel der Grünen Tara. Auf seine bekannt unkonventionelle und mitreißende Art sprach er vor allem über das Grundgefühl tantrischer Visualisierungen: Freude ohne Festhalten und die Erfahrung von Ganzheit, über das Wesen des Geistes und spezielle Meditationstechniken der Tara-Praxis. Der dritte Kurs gibt die ausführlichste Einführung in die Praxis der Grünen Tara und bildet aus diesem Grund den ersten Teil dieses Buches. Lama Thubten Yeshe erläuterte in diesen drei Kursen eine Kriya-Praxis der Grünen Tara, bezog aber auch Anweisungen aus den höheren Tantra mit ein. Die hier schriftlich vorliegenden Unterweisungen geben interessierten Leserinnen und Lesern eine Einführung in die Prinzipien des buddhistischen Tantra und einen Eindruck vom Stil der Praxis. Die Vorträge sind im Grunde genommen Meditationsanweisungen, d.h. Anregungen für die Praxis. Die tantrische Weltsicht unterscheidet sich radikal von unserer gewöhnlichen Sicht der Dinge. Lama Yeshe gelang es durch seine mitreißende Präsenz und Klarheit, durch pädagogisches Geschick und Humor immer wieder, die Zuhörenden aus ihrer eingefahrenen Sichtweise herauszureißen und sie die Welt mit neuen Augen, als nichtdualistisch, sehen zu lassen. Eines seiner Stilmittel war der Wechsel von Vortrag und geführter Meditation, ein anderes die Wiederholung. Beide gehören zur buddhistischen als primär mündlicher Tradition. Sie sind Bestandteil des mündlichen Vortrags und in gedruckter Form nur schwer wiederzugeben. Wir haben in diesem Buch versucht, beide Elemente nicht völlig auszuschließen, sondern an einigen Stellen beizubehalten. Die Seitenzahlen verweisen auf die Stelle im Text, auf die sich die Anmerkung bezieht.

ANMERKUNGEN ZUR EINLEITUNG

(1) S. 13. Die tibetische Tradition bezeichnet die Lehren über Leerheit als definitiv und alle restlichen als interpretativ.

(2) S. 14. In der Gelug-Tradition schließen Absolventen der Klosteruniversitäten ihre Studien mit dem Geshe-Examen ab. Meist sind die Mönche dann Mitte, Ende dreißig. An einigen wenigen Zentren des tibetischen Buddhismus im Westen experimentiert man seit Ende der Siebziger mit Curricula für das Geshe-Studium in Englisch.

(3) S. 18. Die Interpretation dessen, was mit dem „richtigen", dem relativen und dem „falschen" Ich oder Selbst und seiner Nichtexistenz (Pali anatta, Skt. anatman, Dt. Ichlosigkeit, Selbstlosigkeit) gemeint ist, führt im Westen vor allem unter psychoanalytisch inspirierten Menschen immer wieder zu heftigen Diskussionen. Dem Schlagwort: „Erst muß man das Ich aufbauen, damit man es loslassen kann", scheint die buddhistische Losung: „Wahres Glück beginnt, wenn Ichlosigkeit erkannt wurde" diametral entgegengesetzt. In modernen

Begriffen könnte man Lama Thubten Yeshes Aussagen über Shunyata so formulieren: Erst wenn wir die falschen Bilder von einem festen Ich, einer unveränderlichen Persönlichkeit, loslassen, funktioniert das relative Ich optimal.

Die US-amerikanische buddhistische Zeitschrift Inquiring Mind widmete dem Thema „Self and No Self" im Frühjahr 1995 eine ganze Ausgabe. Dort unterscheidet Harvey B. Aronson unter dem Titel „What is the Ego after all?" drei Bedeutungsfelder des Ich-Begriffs (Englisch: I, self, ego), für die in englischen Vorträgen und Texten über Buddhismus oft derselbe Begriff, nämlich „ego", verwendet wird und die westliche Übende daher häufig durcheinanderwerfen. Der folgende Abschnitt ist eine sinngemäße Zusammenfassung von Aronsons Thesen.

a. Ich oder Selbst im Sinne des Atman: die Vorstellung von einem ewigen unveränderlichen Wesenskern, der im indischen Denken als Selbst (Skt. atman, Pali atta), im christlichen Abendland als Seele bezeichnet wird. Diese Vorstellung von einem Ich oder Selbst hat dem Buddhismus zufolge keine Entsprechung in der Wirklichkeit. Das gilt es zu durchschauen und loszulassen, weil wir sonst an angenehmen Gefühlen festhalten, unangenehme Gefühle abwehren und neutrale Gefühle ignorieren. Das führt zu Leiden.

b. Das psychologische Ich: Im westlichen Denken wird der Begriff Ich funktional gebraucht. Mit Ich bezeichnet man das, was uns ermöglicht zu empfinden, zu bewerten, zu denken, zu schlußfolgern usw. Dahinter steht also auch die Auffassung, es gäbe eine Instanz, die unser Innenleben irgendwie strukturiert.

c. Das „Ego": In der englischen Umgangsprache kann man „ego" für (a) und (b) verwenden, aber auch im Sinne von Stolz und Arroganz. Im Deutschen trägt der Begriff Ego ausschließlich diese Bedeutung – Egoismus, egoistisch – und eignet sich daher nicht als Übersetzung für das Ich oder Selbst (Skt. atman, Pali atta) des Buddhismus. Deshalb wird in diesem Buch der Begriff „ego" nicht verwendet, obwohl ihn Lama Thubten Yeshe in seinen auf Englisch gehaltenen Vorträgen für die in (a) beschriebene Unwissenheit, die an beschränkten, festen Ichvorstellungen festhält, häufig gebraucht.

ANMERKUNGEN ZU TEIL EINS

(1) S. 23. Teil Eins liegen die Vorträge des Tara-Kurses im Aryatara Institut in Jägerndorf im September 1981 zugrunde. Eine vorläufige deutsche Fassung der Vorträge wurde 1987 unter dem Titel *Tara Tantra* in der Schriftenreihe des Aryatara Instituts veröffentlicht.

(2) S. 23. Tantra, Skt., bedeutet wörtlich Faden. Der Begriff entstammt der Fachsprache der Weber und bezeichnet dort den „Schuß", den durchlaufenden Faden eines Gewebes. Im übertragenen Sinn steht Tantra für die Kontinuität erleuchteter Energie in allem. Alles, was es gibt, ist das Spiel der Buddha-Natur, das Spiel der allen Lebewesen innewohnenden Offenheit, Klarheit und Feinfühligkeit.

(3) S. 24. Tib. dö 'chag par chir.

(4) S. 24. Die ersten Abbildungen von Tara stammen Martin Willson zufolge aus dem 4./5.Jh. u. Z. Im 7./8.Jh. war die Tara-Praxis in Indien weit verbeitet. Der indische Pandit Atisha, Dipamkara Srijnana, führte die Praxis im 11. Jh. in Tibet ein, und sie wird von allen Schulen des tibetischen Buddhismus gelehrt und geübt.

Empfehlenswert ist das englische Standardwerk über die Grüne Tara von Willson: Martin Willson, In Praise of Tara, Wisdom 1986. Der langjährige Mönch Willson ist ein großer Verehrer und Übender der Grünen Tara; er gibt in seinem Buch einen guten Überblick über die Geschichte der Grünen Tara und über unterschiedliche Praxisformen, darunter auch zwei bekannte Sadhanas und den Lobpreis in 21 Versen mit einem Kurzkommentar. Die Übersetzung des Wurzeltextes und Kommentars zur Praxis und vieler Rituale und Rezitationen, direkt aus dem Tibetischen und Sanskrit übertragen, machen das

Buch zu einem Juwel für historisch interessierte Übende. Erfreulich für die sprachbewußte Leserin ist Willsons Entscheidung für das weibliche Subjekt der Rede in seinen eigenen Erläuterungen. Eine Übersetzung ins Deutsche scheint erst dann sinnvoll und machbar, wenn sich eine Person findet, die die Vers-Übersetzungen direkt aus dem Sanskrit und Tibetischen machen kann und ist wohl aus diesem Grund bislang unterblieben.

(5) S. 24. Yeshe Dawa, tib., Mondengleiche Weisheit, Skt. Jnana Chandra.

(6) S. 25. In der ausführlichen Fassung der Tara-Legende heißt es: Yeshe Dawa lebte zu einer Zeit, als der Buddha Trommelklang den Weg zur Befreiung und Erleuchtung lehrte. Sie erreichte durch ihre Übung die Fähigkeit, ihre nächste Inkarnation selbst zu bestimmen, während gewöhnliche Sterbliche „von den Winden des Karma in eine bestimmte Familie" geschleudert werden, die ihren Neigungen und Gewohnheiten entspricht. Ein Mönch beglückwünschte Yeshe Dawa zu dieser Fähigkeit und empfahl ihr, eine männliche Wiedergeburt zu wählen, da sie damit endlich volle Erleuchtung erlangen könne. Viele buddhistische Schriften sprechen Frauen zwar die Fähigkeit zu, Befreiung zu erreichen und Arhats zu werden, glauben aber, daß nur Männer volle Erleuchtung erreichen können. Yeshe Dawa glaubte das offensichtlich nicht, sie nahm diesen Rat nicht an, sondern legte ein Gelübde ab, das heute noch als Tara-Gelübde bekannt ist: „Von nun an bis zur Erleuchtung will ich nur weibliche Wiedergeburten annehmen und als Frau Erleuchtung erreichen, als Vorbild und Inspiration für Frauen." Wie sie gelobt hatte, erreichte sie als Frau volle Erleuchtung, und sie ist darin auch heute Vorbild und Quelle der Inspiration für viele Frauen. Die Tara-Legende ist ein offensichtlicher Ausdruck dafür, daß sich das Bild der Frauen und ihr Selbstbewußtsein im Laufe der ersten tausend Jahre nach Buddha gewandelt hatte. Diese Legende schuf ein

Gegengewicht zu den patriarchalen Ansichten über ausschließlich männliche Buddhas.

(7) S. 25. Auf die genaue Frage, warum Weisheit als weiblich und Methode als männlich gilt, meinte Lama Yeshe einfach: „Weil das so ist." Der Frage nach der Bedeutung von Weiblich und Männlich ist die Frühjahrsausgabe der buddhistischen Vierteljahreszeitschrift Lotusblätter gewidmet: „Frauen - Männer, Weiblich - Männlich", Nr.3/1998, Jahrgang 12. Zu beziehen über die Geschäftsstelle der Deutschen Buddhistischen Union (DBU). (s. Anhang)

(8) S. 26. Es folgt die Einweihung, die im allgemeinen nicht aufgezeichnet wird.

(9) S. 27. An dieser Stelle im Kurs leitete Lama Yeshe eine Meditation über die Klarheit des Geistes. Sie erscheint als erste Übung im Teil IV, Meditationen.

(10) S. 28. Skt. Kriya-, Charya-, Yoga-, Anuttara-Yoga-Tantra. Der folgende Abschnitt ist ein leicht überarbeiteter Auszug aus: Lama Yeshe, Wege zur Glückseligkeit, Einführung in Tantra, Diamant Verlag 1988, 1993, 1998, S.35. Die Kagyu-, Sakya- und Gelug-Schule unterscheiden vier Tantra-Stufen: Kriya-, Charya, Yoga- und Annutara Yoga-Tantra, Handlungs-, Durchführungs-, Yoga- und Höchstes Yoga-Tantra. Die Nyingma-Tradition kommt auf sechs Tantra-Stufen, indem sie die vierte Tantra-Stufe in drei weitere Stufen unterteilt, in Maha-, Anu- und Ati-Yoga. Vgl. Namkhai Norbu, Der Zyklus von Tag und Nacht, Diederichs Gelbe Reihe 84, München 1990, S.22ff. In den hier abgedruckten Vorträgen erläutert Lama Yeshe eine Tara-Praxis aus der ersten Tantra-Stufe, dem Kriya-Yoga, bezieht aber auch Übungen aus den höheren Tantras mit ein. Einen knappen und sehr klaren Überblick über die vier Stufen des Tantra finden Sie im dritten Teil von: The World of Tibetan Buddhism, The Dalai Lama. Wisdom 1995.

(11) S. 29. Sadhana, Skt., der Text tantrischer Übungsanleitungen, die in der tibetischen Tradition meist halblaut rezitiert werden. Sie enthält alle für die Übung notwendigen Visuali-

sierungen, Rezitationen und Mantras. Sadhanas dürfen nur mit einer entsprechenden formellen Einweisung geübt werden und sind ohne mündlichen Kommentar meist unverständlich.

(12) S. 29. Samsara, Skt., Daseinskreislauf, nennt der Buddhismus die Welt der ständig sich wiederholenden Probleme und Sorgen, die Welt der Verwirrung und falschen Vorstellungen, in der unerleuchtete Wesen leben.

(13) S. 30. Im 11. Jh. u. Z. schrieb der indische Meister Atisha einen kurzen Text, „Die Lampe auf dem Weg zur Erleuchtung" (Skt. Bodhipathapradipa), in der er die zentralen buddhistischen Lehren so anordnete, daß Übende sie Schritt für Schritt gedanklich und meditativ nachvollziehen können. Sein Text wurde zum Vorbild für eine ganze Gattung tibetischer Texte in allen Schulen, die Lamrim genannt werden, Stufenweg zum Erwachen (tib. lam = Weg, rim = Stufe). Die in westlichen Sprachen erhältlichen Standard-Lamrims sind im Anhang aufgeführt. Lama Yeshe hatte die Vision eines Stufenweges für westliche Menschen, ohne buddhistische Termini und unter Einbeziehung westlicher Philosophie, Psychologie und Literatur.

(14) S. 30. Die folgenden Aussagen über Zuflucht sind ein überarbeiteter Auszug aus Gesprächen, die Lama Yeshe im September 1981 im Rahmen einer Zufluchtszeremonie mit einigen deutschen Schülerinnen und Schülern in Jägerndorf führte. Aus: Zuflucht und Gelübde. ATI Schriftenreihe, Vortrag 2, Jägerndorf 1984, S.1-3.

(15) S. 31. Ende des Einschubs über Zuflucht.

(16) S. 32. Der folgende Abschnitt ist ein überarbeiteter Auszug aus: Lama Yeshe, Psychologie von Sutra und Tantra, ATI Schriftenreihe, Vortrag 7, Jägerndorf 1985, S.6 ff. Bodhicitta, Skt., bodhi = Erwachen, citta = Herz und Geist. Häufig als Erleuchtungswunsch oder Erleuchtungsgeist übersetzt. Relatives oder herkömmliches Bodhicitta ist der Wunsch, Erleuchtung zum Wohl aller Lebewesen zu erreichen. Das ist möglich auf der Grundlage von absolutem oder letztendlichem Bodhi-

citta, der Weisheit, die Leerheit versteht. Die erste Stufe des herkömmlichen Bodhicitta ist das Streben nach Erleuchtung oder Wunsch-Bodhicitta, die zweite Stufe die Übung der sechs Paramitas oder aktives Bodhicitta.

(17) S. 34. Ende des 1. Einschubs zu Bodhicitta. Der folgende Abschnitt ist ein Auszug aus: Bodhicitta, das offene Herz. ATI Schriftenreihe, Vortrag 19, Jägerndorf 1987, S.6-9.

(18) S. 37. Ein traditionelles Bild für den ungezähmten Geist ist ein wilder Elefant, dem sein Wärter nur hilflos hinterherrennen kann. Ist der Elefant gezähmt, kann der Wärter friedlich auf seinem Elefanten reiten, und er bringt ihn überall hin. Genauso können wir den durch Einsicht und Sammlung gezähmten Geist nach Belieben auf heilsame Dinge ausrichten.

(19) S. 38. Ende 2. Einschub über Bodhicitta.

(20) S. 41. Ein absolutes Ich kann es dem Buddhismus zufolge nicht geben, schon deshalb, weil es dann nicht in Abhängigkeit existierte. Die absolute Ebene von allem ist Nicht-Dualität. Wenn wir von Eigenschaften sprechen, dann gehört das immer zur herkömmlichen Existenzweise der Dinge.

(21) S. 48. Vajra, Skt., tib. dorje, Donnerkeil, Diamantszepter. Ursprünglich eine Herrschaftsinsignie des indischen Götterkönigs Indra. In der tantrischen Tradition des Buddhismus steht der Vajra für Methode (Skt. upaya), d.h. für geschicktes Handeln und für Mitgefühl. Der Vajra ist auch Symbol für Buddha-Natur, für das unzerstörbare Wesen des Geistes (Natur des Geistes), der tiefsten Ebene des Geistes.

(22) S. 51. Göttlicher Stolz, tib. lha'i nga gyal, ist der Terminus technicus für die freudige und vertrauensvolle Selbstwahrnehmung der Übenden auf der Grundlage von Bodhicitta im Zustand der Leerheit als tantrische Meditationsgottheit. Er bezieht sich auf die vollständige Einswerdung oder Identifikation mit unserer Buddha-Natur in der Gestalt einer tantrischen Gottheit. Er ist Ausdruck des unerschütterlichen Vertrauens, daß Liebe, Weisheit und Kraft die Grundlage unserer Existenz sind.

(23) S. 53. Mandala, Skt., wörtlich Kreis. Der Begriff wird für verschiedene Dinge verwendet. Mandala symbolisiert das ganze sichtbare und unsichtbare Universum. Hier ist es der Wohnort der Buddhas. Jede tantrische Gottheit lebt in ihrer eigenen Welt, dem Mandala. Das Mandala ist umgeben von einem undurchdringlichen Wall aus Vajras, Diamantszeptern. Durch Sadhana-Praxis übt man, jeden Ort als Mandala der Gottheit zu sehen.

(24) S. 58. „Weil alle Dinge leer sind von Eigenexistenz, können sie in Abhängigkeit entstehen. Und weil alle Dinge in Abhängigkeit und bedingt entstehen, sind sie leer von Eigenexistenz", formuliert der große Mahayana-Philosoph Nagarjuna seine „Königliche Schlußfolgerung" für das bedingte Entstehen. Nach einer mündlichen Erläuterung von Geshe Tegchok, Jägerndorf 1986. „All phenomena do not inherently exist because of being dependent-arisings... All phenomena do not inherently exist because of being dependently imputed." Vgl. J.Hopkins, Meditation on Emptiness, S.168ff.

(25) S. 61. Der letzte Abschnitt stammt aus dem Kurs in Barcelona, Ms. S.44.

(26) S. 67. Vor Unterweisungen über die Feuer-Puja gibt ein Lama die Wortübertragung für die Praxis, d.h. er liest den Text der Feuer-Puja auf Tibetisch vor. Eine Wortübertragung - tib. lhung, wörtlich Wind, übertragen Atem, Wort, Rede - bezieht sich auf die erste Stufe der Einführung in die Praxis, die verbale Einführung in den Text; mit dieser Einweihung werden SchülerInnen ermächtigt, die Praxis durchzuführen und die entsprechenden Kommentare zu studieren. Der Text der Vajra Daka Feuer-Puja liegt in einer deutschen Übersetzung vor, und kann von Personen mit einer entsprechenden mündlichen Einweisung über das Aryatara Institut in München bezogen werden. Lama Yeshe verband in seinem spanischen Kommentar die einfache Feuer-Puja mit Anweisungen zur Tonglen-Übung, bei der man anderen Leid abnimmt. Wenden Sie sich für entsprechende Unterweisungen an Fachleute der tibeti-

schen Tradition. Für die ausführliche Variante der Feuer-Puja stellt man Gaben aus verschiedenen Getreidearten, Blumen, Kusha-Gras usw. zusammen. Vgl. Anm. 5., Teil 4.

(27) S. 68. Geistesgifte (Skt. klesha, tib. nyon mongs) Im Buddhismus werden die drei Geistesgifte Gier, Haß und Verblendung durch drei Tiere symbolisiert: Hahn, Schlange und Schwein. In den tibetischen Darstellungen des Lebensrades mit den fünf oder sechs Daseinsbereichen befinden sie sich in der Nabe.

ANMERKUNGEN ZU TEIL ZWEI

(1) S. 73. Teil Zwei liegen die Vorträge zu einem Kurs in Barcelona 1980 zugrunde. Das englische Transcript der Vorträge erschien 1985 bei Wisdom Publications unter dem Titel *The Twenty-One Taras*, zusammen mit dem Transcript des kanadischen Kurses von 1980. Eine spanische Buchfassung erschien 1987 bei Ediciones Dharma, Alicante, Spanien.

(2) S. 73. Mit Entsagung (engl. renunciation, tib. ne chung, Pali samvega, Dringlichkeit) ist der unbedingte Wunsch nach Befreiung aus dem Daseinskreislauf (Skt. samsara) gemeint. Haben wir den Wunsch nach Befreiung, geben wir dem spirituellen Weg die erste Priorität in unserem Leben. Der zweite Aspekt dieser Haltung ist die Bereitschaft, unwesentliche Dinge aufzugeben. Diese zweite Bedeutung klingt im deutschen Begriff Entsagung an.

(3) S. 74. Paramitayana, Skt., das andere Ufer, mita = Ufer, para = die andere Seite; ein Synomym für Buddhaschaft. Im Zentrum der Übung steht die Herausbildung der sechs vollkommenen Haltungen (paramita): Ethik oder Disziplin, Gebefreudigkeit, Geduld, Ausdauer oder Freude am Heilsamen, Sammlung und Weisheit.

(4) S. 76. Die „Umwandlung" von Verwirrung in Weisheit ist ein Kernthema des Tantra. Eigentlich wird aber nichts umgewandelt. Es geht darum, die reine Energie in allen Emotionen zu entdecken. Das wird möglich, wenn wir die „reine" Sicht

entwickeln, die nicht-dualistische Weisheit, die erkennt, daß Subjekt und Objekt nicht getrennt, sondern in Abhängigkeit voneinander entstehen. Ein „reiner" Geist nimmt die Welt auch rein wahr.

(5) S. 78. Mahasiddha, Skt. maha = groß, siddhi = Kräfte, wörtlich ein Mensch mit großen Kräften, Bezeichung von Yogis und Yoginis, die übernatürliche Kräfte besitzen. Die Tradition verehrt 84 große Mahasiddhas, von denen vier Frauen waren. Vgl. Keith Dowman, Songs and History of the Eighty-Four Buddhist Siddhas. Albany, New York 1985.

(6) S. 88. Diese Erklärung des Essensegens folgt einer mündlichen Unterweisung von Lama Yeshe im September 1981 in Jägerndorf. Der zweite Vorschlag zur Darbringung des Essens wurde aus dem spanischen Kommentar, Ms. S. 23, übernommen.

(7) S. 88. Übungen, bei denen man die Aufmerksamkeit auf eines der fünf oder sieben Energiezentren im Zentralkanal richtet, lockern Verspannungen, und langfristig kann man dadurch die reine Energie im Zentralkanal befreien. Fließt die Energie frei im Zentralkanal, hat man Befreiung erlangt. Das Herzzentrum gilt in den unteren Tantras als wichtigstes Energiezentrum, und aus diesem Grund konzentriert man sich bei vielen Übungen darauf.

Der Zentralkanal, Skt. shushuma, ist ein Energiekanal aus Licht, der von der Stirn in einem Bogen hoch zum Scheitel und unmittelbar vor der Wirbelsäule nach unten bis zum Wurzelzentrum am unteren Ende der Geschlechtsorgane führt.

(8) S.95. In einer anderen Fassung dieser Geschichte ist die Frau jung und hübsch. Sie bittet die Mönche ebenfalls, ihr über den Fluß zu helfen. Der eine Mönch trägt sie über den Fluß, setzt sie ab, und die Mönche wandern weiter. Vor Empörung ist der andere Mönch sprachlos. Nach einigen Meilen gemeinsamen Wegs hebt er zu einem heftigen Tadel an: „Du hättest die Frau nicht hinübertragen dürfen. Als Mönch ist es dir untersagt, eine Frau zu berühren." Der hilfsbereite

Mönch schaut ihn erstaunt an und sagt: „Ich habe die Frau am Ufer abgesetzt. Du trägst sie wohl immer noch."

(9) S. 103. Zu Ehren des großen Philosophen der Leerheit tragen die meisten der von Lama Thubten Yeshe inspirierten spanischen Zentren den Namen „Nagarjuna Institut", so in Barcelona, Madrid, Valencia und Granada. Dem Retreat-Zentrum in den südspanischen Alpujarras gab der Dalai Lama 1982 den Namen „Öselling", Ort der Klarheit. Die 1985 geborene spanische Inkarnation von Lama Thubten Yeshe wurde dort geboren und trägt nach diesem Ort den Namen Ösel Tenzin.

(10) S. 104. Lebensprinzip, Skt. purusha, aus dem die ganze manifeste Welt entsteht.

(11) S.107. Der Berg Meru ist in der indischen Kosmologie der Mittelpunkt des Universums; er wird häufig als Bild für das Ich verwendet.

(12) S.111. Avalokiteshvara, Skt. Der Herr über alle Welten (loka = Welt, ishvara = Herr, ava = alle), Buddha der Liebe und des Mitgefühls. In Indien und Tibet (Chenresig) männlich dargestellt, in China (Kuan Yin) und Japan (Kannon) weiblich.

(13) S. 113. Alle buddhistischen Traditionen lehren Wege zur Konzentration. Vgl. die neun Stufen zur Entwicklung von Ruhigem Verweilen (Skt. samatha) in: Jeffrey Hopkins, Meditation on Emptiness, Wisdom 1983, S. 67-90 und in: Geshe Rabten, Mahamudra, Theseus 1979, S. 215. Eine traditionelle Methode sind die acht Sammlungsstufen (Skt. dhyana, Pali jhana), die der Buddhismus aus der indischen Tradition übernommen und die der Buddha selbst geübt hat. Vgl. die praxisnahe Beschreibung der acht Sammlungsstufen (Pali jhana) in: Ayya Khema, Vier Ebenen des Glücks, Jhana 1997.

(14) S. 115. Zum christlichen Herzensgebet vgl. Aufrichtige Erzählungen eines russischen Pilgers, Hrsg. Emmanuel Jungclaussen, Herder 1974.

ANMERKUNGEN ZU TEIL DREI

(1) S. 121. Diesem Teil liegen die Vorträge von einem Kurs in Vancouver, Kanada, 1980 zugrunde. Ein englisches Transkript erschien 1985 bei Wisdom Publications unter dem Titel *The Twenty-One Taras*, zusammen mit dem Transkript des spanischen Kurses von 1980.

(2) S. 127. Einen knappen Überblick über die zehn Bodhisattva-Stufen bietet Wolfgang Schumann, Stifter, Schulen, Systeme, Walter 1976, 1991. S.163ff. Wer tiefer in die Thematik einsteigen möchte, findet einen sehr differenzierten, inspirierenden und gut verständlichen Überblick in dem Buch über das Avatamsaka-Sutra von Garma C. Chang, Die buddhistische Lehre von der Ganzheit des Seins. O. W. Barth 1989. (The Buddhist Teaching of Totality, The Philosophy of Hwa Yen Buddhism, The Pennsylvania State University 1979.)

(3) S.128. Der Buddhismus beschreibt sechs Bereiche im Daseinskreislauf, in denen Lebewesen je nach ihren karmischen Prägungen wiedergeboren werden: Höllenbereiche, Hungergeisterbereiche, Tierwelt, Menschenwelt, Welt der neidischen Götter und Götterbereich; dieser umfaßt Sinnesgötter, Götter im Bereich der feinkörperlichen Vertiefungen und im Bereich der formlosen Vertiefungen. Eine Beschreibung der sechs Bereiche als innere Zustände gibt Chögyam Trungpa in seinem Buch: Eine Insel des Jetzt im Strom der Zeit, Krüger 1995 (Transcending Madness, Shambala, Boston 1992)

(4) S. 134. Vgl. Anm. 2.

(5) S. 135. Vgl. Anm. 7, Teil 2.

(6) S. 136. Einen etwas anderen Akzent setzt die Theravada-Tradition: Die deutsche Nonne Ayya Khema sagte immer, daß wir am Ende einer Meditationsübung die angesammelten Verdienste mit allen Lebewesen *teilen*.

(7) S. 137. Zu „Entsagung" vgl. Anm. 2, Teil 2. Zu Bodhicitta vgl. Anm. 16, Teil 1.

(8) S. 143. Vgl. Dalai Lama, Gesang der inneren Erfahrung, Dharma Edition Hamburg 1993.

(9) S. 143. Vgl. Jeffrey Hopkins und Geshe Sopa, Der Tibetische Buddhismus, Diederichs 1981, Gelbe Reihe Band 13. Jeffrey Hopkins, Der Tibetische Buddhimus, Sutra und Tantra, Diamant 1988, S. 171-185. Jeffrey Hopkins, Meditation on Emptiness, Wisdom 1983, S.305-559. Eine meditative Annäherung an das Thema bietet Khenpo Tsultrim Gyatso in: Stufenweise Meditationsfolge über Leerheit, Kagyu Dharma Wachendorf 1994.

(10) S. 145. Vgl. Anm. 10, Teil 1.

(11) S 148. Vgl. Einführung, S. 18.

(12) S. 154. Wer tiefe Weisheit verwirklicht hat, kann der tantrischen Tradition zufolge die fünf unreinen Substanzen – fünf Sorten Fleisch – und die fünf unreinen Flüssigkeiten – u.a. Urin und Exkremente – als Nektar genießen. Auf der Konferenz westlicher buddhistischer LehrerInnen im März 1993 in Dharamsala wurde in Anwesenheit des Dalai Lama im Scherz vorgeschlagen, buddhistische Lehrer, die ihr unkonventionelles Verhalten – sexuelle Beziehungen mit Schülerinnen, hoher Alkoholkonsum u.a. – mit verrückter Weisheit rechtfertigen, diesem „Geschmackstest" zu unterziehen.

(13) S. 157. Abhidharma, Skt. Höhere Lehren; der dritte Korb der Lehren, neben Vinaya, den Lebensregeln für ordinierte und Laien-Übende und Sutra, den Anleitungen zur Meditation; häufig als Metaphysik des Buddhismus, von modernen Interpreten auch als die „Lehrerhandbücher" des Buddhismus, als Anweisungen für zukünftige Lehrerinnen und Lehrer bezeichnet. Vgl. Lama Anagarika Govinda, Die psychologische Haltung der frühbuddhistischen Philosophie, Rascher 1962 und Mirko Fryba, Abhidhamma im Überblick, Universität Konstanz 1990.

(14) S. 160. Zehn Richtungen: Zu den vier Hauptrichtungen und vier Zwischenrichtungen werden noch oben und unten gezählt.

ANMERKUNGEN ZU TEIL VIER

(1) S. 169. Vgl. Anm. 9, Teil 1.

(2) S. 175. Vgl. Leseempfehlungen S. 206f.

(3) S. 179. Es gibt sehr selten ausführliche Kommentare zu den 21 Taras. Vgl. Willson, a.a.O.

(4) S. 186. Vgl. Anm. 6, Teil 2.

(5) S. 189. Während Lama Yeshe die einfache Form der Feuer-Puja mit schwarzen oder schwarz gerösteten Sesamsamen einem weiten Kreis von Schülerinnen und Schülern auch als informelle Übung empfahl (S. 68/69), braucht man für die ausführliche Feuer-Puja die Unterstützung von Fachleuten der tibetischen Tradition.

LESEEMPFEHLUNGEN

Buddhistisches Tantra

The World of Tibetan Buddhism, The Dalai Lama. Wisdom 1995.

Keith Dowman, Songs and History of the Eighty-Four Buddhist Siddhas. Albany, New York 1985.

Jonathan, Landaw, Bilder des Erwachens, Diamant 1997.

Namkhai Norbu, Der Zyklus von Tag und Nacht, Diederichs Gelbe Reihe 84, München 1990.

Miranda Shaw, Erleuchtung durch Ekstase; Frauen im tantrischen Buddhismus. Krüger 1997. (Passionate Enlightenment. Princeton 1994)

Chögyam Trungpa, Feuer trinken, Erde atmen. Die Magie des Tantra. Rowohlt 1989. (Journey without Goal, 1981)

Martin Willson, In Praise of Tara, Wisdom 1986.

Lama Thubten Yeshe, Wege zur Glückseligkeit, Einführung in Tantra, Diamant 1988, 1993, 1998. (Introduction to Tantra, A vision of Totality. Wisdom 1987)

Lama Thubten Yeshe, Tantric Path of Purification (Heruka-Vajrasattva-Practice). Wisdom 1995.

Lama Thubten Yeshe, The Yoga of Inner Heat (Tummo Practice). Wisdom 1998.

Weitere Literatur

Garma C.Chang, Die buddhistische Lehre von der Ganzheit des Seins. O. W. Barth 1989. (The Buddhist Teaching of Totality, The Philosophy of Hwa Yen Buddhism, 1971, Pennsylvania State University 1979.)

Dalai Lama, Gesang der Inneren Erfahrung. Dharma Edition Hamburg 1993. (Gelug-Lamrim)

Gampopa, Juwelenschmuck der Befreiung. Theseus 1996. (Kagyu-Lamrim)

Kathleen McDonald, Wege zur Meditation, Diamant 1986.
Pabongka Rinpoche, Liberation in the Palm of Your Hand. Wisdom 1991. (Gelug-Lamrim; dt. Übersetzung in Vorbereitung: Befreiung in der Hand, Diamant 1999)
Patrul Rinpoche, The Words of My Perfect Teacher. HarperCollins 1994. (Nyingma-Lamrim)
Chögyam Trungpa, Eine Insel des Jetzt im Strom der Zeit. Krüger 1995. (Transcending Madness, Shambala, Boston 1992)
Sylvia Wetzel, Das Herz des Lotos. Frauen und Buddhismus. Fischer Spirit 1998. (ca. Dez.)
Ken Wilber, Das Atman Projekt. Junfermann 1990. (Atman Project, Quest Book 1980)
Ken Wilber, Halbzeit der Evolution. Scherz 1987. (Up from Eden. Shambala 1983)

Informationen über buddhistische Zentren in Deutschland erhalten Sie bei: Deutsche Buddhistische Union (DBU) e.V. und Redaktion Lotusblätter, Amalienstr. 71, 80799 München. Tel.: (089) 280 104, Fax: (089) 281 053

LAMA THUBTEN YESHE (1936-1984) UND TENZIN ÖSEL (GEB. 1985)

Bis zu seinem Tod, am 4. März 1984, stand Lama Thubten Yeshe all seinen Schülerinnen und Schülern als spiritueller Freund und Meister zur Seite. Seine Reinkarnation, Tenzin Ösel, wurde am 12. Februar 1985 in der Nähe von Granada, Spanien, als fünftes Kind zweier Schüler von Lama Yeshe, Maria Torres und Paco Hita, geboren. Er steht unter der Obhut seines ehemaligen Schülers Thubten Zopa Rinpoche und wird im Kloster Sera in Südindien erzogen.

Weitere Titel aus dem Verlagsprogramm

Berzin Alexander, *Den Alltag meistern wie ein Buddha*

Chodron Thubten, *Tara die Befreierin*

Dalai Lama, *Der Stufenweg zu Klarheit, Güte und Weisheit*

Dalai Lama, *Die Lampe auf dem Weg*

Dalai Lama, *Ein menschlicher Weg zum Weltfrieden*

Dalai Lama, *Mögen alle Wesen glücklich sein*

Gen Lamrimpa, *Kalachakra,* *Die drei Zyklen der Zeit*

Kensur Jampa Tegchok, Leerheit und Abhängiges Entstehen

Geshe Thubten Ngawang, *Mit allem verbunden*

Geshe Yeshe Tobden, *Der Weg des sanften Kriegers*

Khunu Lama Tenzin Gyaltsen, *Allen Freund sein*

Ladner Lorne, *Die verlorene Kunst des Mitgefühls*

Lama Thubten Yeshe, *Der Buddha des Mitgefühls*

Lama Tubten Yeshe, *Die Grüne Tara, Weibliche Weisheit*

Lama Yeshe, Lama Zopa *u.a.,* *Heilung, Tibetische Lehren und Übungen*

Lama Thubten Yeshe, *Vajrasattva,* *Heilung und Transformation im tibetischen Tantra*

Lama Thubten Yeshe, *Grenzenlos ist die Kraft des Geistes*

Lama Thubten Yeshe, *Inneres Feuer*

Lama Thubten Yeshe, *Meditieren, selber denken, tief verstehen*

Lama Thubten Yeshe, *Wege zur Glückseligkeit, Einführung in Tantra*

Lama Zopa Rinpoche, *Herzensrat eines tibetischen Meisters*

Lama Zopa Rinpoche, *Probleme umwandeln*

Lama Zopa Rinpoche, *Mitgefühl, Heilkraft für Geist und Körper*

Landaw John, Weber Andy, *Bilder des Erwachens, Tibetische Kunst als innere Erfahrung*

Mackenzie, Vicki, *Die Wiedergeburt, Ein tibetischer Lama kehrt zurück*

Mackenzie, Vicki, *Im Westen wiedergeboren*

Pabongka Rinpoche, *Befreiung in unseren Händen, Band 1*

Pabongka Rinpoche, *Befreiung in unseren Händen, Band 2*

Schweiberer Birgit (Hrsg.), *Sutra vom Goldenen Licht*

Tsong Khapa, *Der mittlere Stufenweg*

Besuchen Sie uns im Internet : www.diamant-verlag.info

Auslieferung: Herold Verlagsauslieferung, Raiffeisenallee 10, 82041 Oberhaching/München

DER DIAMANT VERLAG

ist Mitglied in der Stiftung zur Erhaltung der Mahayana-Tradition (FPMT), einem Zusammenschluss von etwa 140 Meditations-, Studien- und Klausurzentren rund um den Erdball, die unter der Leitung von Lama Thubten Zopa Rinpoche stehen.
Falls Sie Interesse an den Lehren von Lama Thubten Yeshe und Lama Thubten Zopa Rinpoche haben, können Sie sich an eines der FPMT-Zentren wenden.
Deutschsprachige Kurse gibt es in folgenden Zentren:

Aryatara Institut
Barerstr. 70/Rgb.
D-80799 München
www.aryatara.de

Longku Zopa Gyu Zentrum
Zentrum für Buddhismus
Reiterstr.2
CH-3013 Bern
www.zentrumfuerbuddhismus.ch/fpmt

Panchen Losang Chogyen Zentrum
Naafgasse 18
A-1180 Wien
www.fpmt-plc.at

Informationen über die weltweite Organisation:

www.fpmt-europe.org
www.fpmt.org